中国姓氏

【中国民俗文化丛书】

刘魁立 张旭 主编
李吉 王岳红 编著

中国社会出版社

图书在版编目（CIP）数据

中国姓氏／李吉，王岳红编著．—北京：中国社会出版社，2006.9

（中国民俗文化丛书／刘魁立，张旭主编）

ISBN 978－7－5087－1208－6

Ⅰ．中…　Ⅱ．①李…　②王…　Ⅲ．姓氏—简介—中国　Ⅳ．K810.2

中国版本图书馆 CIP 数据核字（2006）第 100110 号

丛书名：中国民俗文化丛书

丛书主编：刘魁立　张　旭

全案策划：李春园

书　　名：中国姓氏

编　　著：李　吉　王岳红

责任编辑：刘云燕

出版发行：中国社会出版社　邮政编码：100032

通联方法：北京市西城区二龙路甲 33 号新龙大厦

电　话：（010）66080300　（010）66083600

（010）66085300　（010）66063678

邮购部：（010）66060275　电　传：（010）66051713

编辑室：（010）66060097

网　　址：www.shcbs.com.cn

经　　销：各地新华书店

印刷装订：中国电影出版社印刷厂

开　　本：155mm×225mm　16 开

印　　张：11.5

字　　数：150 千字

版　　次：2011 年 4 月第 3 版

印　　次：2014 年 9 月第 11 次印刷

定　　价：19.50 元

序

中国民俗学会理事长　　刘魁立

人生活于文化之中，正像人离不开空气一样。《周易》说：“观乎天文，以察时变；观乎人文，以化成天下。”无论汉语“文化”一词是否由此而来，这段话至少说明，我们的祖先向来对文化的重要性有十分清楚和极其深刻的理解。文化确乎是人之所以成为人、人类之所以成为人类的根本标志。人创造了文化，文化也创造了人，从这个意义上也可以说，人是文化的动物。

从文化本身来说，相当长一段历史时期的传统文化可以粗略地、也是相对地划分为两大分流，即所谓上层文化（或称高层文化、雅文化、精致文化……）和下层文化（或称基层文化、底层文化、低层文化、民间文化）。

民间文化是人民群众创造的最古老的文化，因为它的根源可以追溯到人类发展的初始阶段；民间文化同时也是最年轻的文化，因为它仍然活生生地存在于人民的日常生活和口碑之中。民间文化还是整个社会文化的基础，并且具有极强的生命力。上层文化往往是对民间文化选择、改造和精致化的结果。

民间文学、民间艺术是民间文化中最富色彩的一个组成部分。它在人类创造的一切艺术中，生命最活跃，涉及最广泛。它以古朴纯真的艺术手段，反映着人民群众的现实生活、理想和追求。它的无数珍品，是当之无愧的美的典范。没有了它，人类将失去多少童真的回忆；没有了它，人类的爱祖国、爱家乡将会缺少多少实际可感的具体内容；没有了它，人类的欢乐、悲伤也将变得干枯而平淡；没有了它，人类将会失掉多少生活的甘美和幽默……

万家社区图书室援建和万家社区读书活动，是建设社会主义文化和建设社会主义新农村的一项战略举措。我们，作为受到农民兄弟哺育和培养的知识界、文化界，有义务用学来的知识回报衣我食我的父老乡亲，这不仅是我们的社会责任，也是我们的荣耀。

中国民俗学会在这项重要活动中，承担有关中国民间传统文化的约50种图书的撰写工作，我们组织了学养很高的，包括大批教授、研究员在内的专家队伍，来完成此项写作任务。他们在相关领域里，学有所长，业有专攻，所有作者都以光荣志愿者的精神，以科学严谨的态度，用生动活泼的文字，把相关的准确而丰富的知识，呈献给农民兄弟和城镇社区的读者。完成这项具有重要意义的写作编书任务，是我们人生当中一件值得骄傲、值得自豪的事情。

中国民间文化是世世代代锤炼和传承的传统文化，其中凝聚着民族的性格、民族的精神、民族的真善美，是中华民族彼此认同的标志，是祖国同胞沟通情感的纽带。历史悠久、内涵丰富的传统文化也是我们中华民族对人类文化多样性发展的巨大贡献。急剧变化的时代在淘洗着传统的民间文化。在当今时代，我们尤其有必要对我们丰富淳厚、历史悠远的民俗传统立此存照，将其中的优秀部分及其真谛展示给广大民众，使他们对中华大地、对祖国同胞、对优秀的文化传统和淳厚的民俗民风怀有更深刻的眷恋、热爱和崇敬。继承和发扬中华民族创造的非常丰富而优秀的非物质文化遗产和民族精神，是我们的幸事，也是我们的历史责任。

我希望在大家的共同努力下，民间文化之花越开越鲜艳，为我们祖国、为我们中华民族赢得一个永恒的春天。

目录

认知历史 传承文明

“赵钱孙李，周吴郑王，冯陈褚卫、蒋沈韩杨……”这读来琅琅上口的《百家姓》读本，是传统的启蒙读物，也是中华姓氏的经典之作，可谓家喻户晓，妇孺皆知。

人们常说的“百家姓”，实际上是中华姓氏的泛指和总称。冠以“百家”之名，表示数量众多，涵盖广博之义。中国幅员辽阔，民族众多，古代曾经使用和目前使用的姓氏究竟有多少，很难有准确的统计。流传至今的宋代《百家姓》读本，收录姓氏440个，清代《增广百家姓》增至504个。

中华姓氏源于上古，延续至当代。在历史发展的长河中，中华姓氏发展演变，延续传承，升华凝练，形成了一种内涵丰富、体例完备、超越历史时空、跨越地域界限、包容社会各个层面的文化体系，并以其人人皆知的普及性、世代传承的持续性、兼容并包的统一性、博大精深的系统性，纵贯了中华文明的进程，涵盖了中国社会的各个层面。从某种意义上讲，五千年的华夏文明，就是不同血缘姓氏的宗族，在各个历史时期繁衍生息、播迁交融、兴衰更替的总汇。以血缘姓氏为脉络的姓氏谱系，正是具体而微地载录各姓氏宗族的渊源世系、兴衰荣辱及其历史功业和文化特色的重要文献，是中华文明进化的轨迹，社会历史发展的缩影。因而中华姓氏成为传承文明、解读历史、透视社会的独特视角和微观窗口。

中华姓氏是传统文化中生命力最旺、凝聚力最强、感召力最大的人文情结，是认同中华传统文化的伟大基石。中华民族历来以炎黄子孙自居，把炎、黄二帝作为共同的人文初祖和精神偶像。无论是偏处一隅的少数民族，还是飘零异域的华裔侨胞，时时处处都流传着炎黄二帝的传说，人人都以炎黄子孙为荣。这种以血缘、姓氏为传承纽带，对共同祖先形象的塑造，对民族渊源的追述，构成了中华文化多元一体化和连续传承性的认同基石，它是增强中华民族凝聚力、向心力的桥梁纽带，也是当今海内外炎黄子孙寻根问祖的重要依据。

时至今日，中华姓氏已经历了几千年的风雨沧桑，但其世代相承的延续性，与时俱进的生命力，仍永葆青春，仍然是现实生活中人人必备、无时不用的重要标记和社交工具。举凡订立合同，签署书证，信函往来，交流沟通，无一不以姓氏作为重要凭信。“按姓氏排列”、“按姓氏为序”，已成为重要的社交场合、家国大事、学术活动中组合、排列有关人士的惯例。而“贵姓”一词，更是日常社交必备的第一用语和礼仪之词。

凡此种种，都足以说明，姓氏不仅是社会历史发展的产物、人类文明的积淀，是我们认知历史、传承文明的文化瑰宝，也是我们现实生活中无处不在、事事皆用的重要工具和信息体系。因而普及姓氏知识，拓展姓氏研究领域，就成为我们认知历史、传承文明、建设和谐社会的重要内容。

第一章

解读中华百家姓 赐姓命氏溯渊源

——姓氏的起源、发展及姓氏制度的确立

“姓氏”是人类个体与生俱来的第一符号，也是具有血缘传承关系的家庭或宗族的群体标志，是人类社会维系血亲、区分族别的重要依据。

“姓氏”是“姓”与“氏”的合称，二者皆具有家号、族号、宗号之含义。但在先秦时代，“姓氏”是两个不同的概念。所谓“男子称氏”，“妇人称姓”，“姓别婚姻，氏明贵贱”，是对姓、氏不同内涵、社会功能及其产生的历史渊源的高度概括。正如《国语·周语》所云：“姓者，生也，以此为祖，令人相生，虽下及百世，而此姓不改。族者，属也，其子孙共相连属，其旁支别属，则各自为氏。”也就是说，姓表示宗族的起源、出处，是原有的、大宗的族号；氏是后起的，是分支的、小宗的族号。先有姓，后有氏，姓大于氏，氏统于姓；姓是氏的源头，氏是姓的分支。然而，姓与氏的区别，不仅仅是源与流的简单关系，其本质上的区别在于：姓是血缘传承的标志，氏是社会地位和地域区分的符号。姓侧重于血缘关系，氏强调地域的概念。“因生赐姓，胙（胙“zuò”，此处为赏赐的意思）土命氏”，高度概括了“姓”与“氏”的本质区别和文化内涵。“因生”是生育观念，是生命的产生、延续、血缘的传承；“胙土”，是生存观念，是人

们生存发展的社会环境，生活方式。生育和生存是人类必备的两大要素，“姓”、“氏”二字涵盖了人类社会存在、发展的全部意义，也是人类社会文明进化的真谛所在和发展轨迹。

中华姓氏是一种古老的文化形态，它萌芽于原始社会的图腾崇拜，根植于文明初曙的氏族繁衍，发展于夏商周三代的分封制度，确立于大一统的秦汉帝国，演变于“胡汉互化”的民族交融，融汇于多元一体的文化体系。

因生赐姓创世纪　中华古姓多母系

中国是世界上最早使用姓氏的国家，从母系氏族社会中华古姓的产生，迄今已约有一万年的历史。相比之下，大多数欧美国家的姓氏产生于中世纪时期。虽然古罗马的父系氏族社会已出现了一批较早的姓氏，但姓氏的使用并未形成固定的模式，直到9世纪初，才在意大利的各城堡中得到恢复。至于在亚洲地区，越南、朝鲜等国在10世纪左右才相继普及，相当于中国的晚唐、五代时期，而且多数是由中国传入。而日本直到19世纪明治维新时期，实行“壬申户籍法”才普遍推行姓氏制度。

姓氏的古老，象征着一个国家、一个民族历史文化的悠久。中华姓氏是中华文明的重要标志，是中华民族弥足珍贵的文化宝库。

关于中国古姓的起源，历代学者仁者见仁，智者见智，归纳起来主要有两种说法：

始祖创世　因生赐姓

始祖创世，因生赐姓，是有关中华姓氏起源的传统说法，常见于文献典籍的历史记载。其中影响最大、流传甚广的是伏羲、女娲兄妹相婚、传衍人种的历史故事。据文献记载和历史传说，宇宙初开之时，世上只有伏羲、女娲兄妹两人生活在昆仑山上，为繁衍后代，兄妹俩只得自相婚配，结为夫妻。但又自感羞愧，难以决断，于是通过占卜的方法来判定天意。兄妹俩先在两个山头各自烧起火堆，并对天祷告："如上天有意让我兄妹二人成婚，就让两股青烟相合；如并无此意，就烟消云散。"刚说完，只见两股青烟合为一体，直冲云霄。兄妹二人仍狐疑不决，又约定，从各自山头滚下一扇磨盘，如石磨脐、眼相合，则可结为夫妻，否则各奔东西。说来也巧，自高山推下的两扇磨盘落到沟底后，竟然阴阳相覆，脐、眼相合。于是伏羲、女娲便在上天认可下结为夫妻，传下后代，并根据子女的出生情况和散落居处，将其分为不同的族姓，并规定同一族姓的男女不得自相婚配。

这一历史传说，不仅在汉族文献中屡有记载，在苗、瑶、壮、彝、黎、侗、布依等少数民族中也广为流传，大同小异。如瑶族《伏羲兄妹故事》中说，他们成婚后，妹妹生下一个冬瓜般的肉团，他们把肉团砍碎，到处抛撒，落在平地的成了汉人，落在森林、山坳等处的，便成了瑶山五族。

另一种与之相近的说法是只有女娲，没有伏羲。说女娲补天后，深感寂寞，便用黄泥仿造自己的形象造了许多小人。后来嫌效率太低，便用草绳蘸着泥浆，用力甩出，溅出的泥浆也化为小人。落在石头上的便姓石，落在树叶上的便姓叶，落在花朵上的便姓花，落在河里的便姓何（河），落在池塘里的便姓池……

基于对这一历史传说的认同心理，伏羲、女娲被后世尊为"创世人祖"和"人祖奶奶"，在中华大地至今仍留存着许多相关的纪念性遗址、遗迹。如甘肃西和县仇池山的"伏羲仙崖"，天水市的"伏羲神庙"，陕西临潼的"女娲宫"，山西洪洞县的"女娲庙"、"女娲陵"，吉县的"人祖山"，河南淮阳的"太昊（伏羲）陵"、"伏羲庙"，涉县的"女娲皇宫"……尤为珍贵的是山东嘉祥武梁祠中的汉代画像石和新疆吐鲁番古墓群出土文物中的一幅"伏羲、女娲执矩图"，图中伏羲、女娲都是人首蛇身，面对面地手执圆规、矩

伏羲女娲图

尺，表示伏羲“正姓氏，别婚姻”，没有规矩不成方圆的哲理。尤为传神的是伏羲、女娲下身成两条蛇尾相互交缠在一起，中间有一小孩，十分形象地表现了伏羲、女娲传衍人类的主题。

虽说神话传说并不能等同于历史，但神话传说中往往包含着合理的历史成分，反映了历史阶段的社会特征。通过伏羲兄妹相婚、传衍后代的历史传说，我们不仅可以了解到在中华民族的初始时期，曾经历过血亲乱婚向族外群婚进化的历史进程，也可以看到由母系氏族社会向父系氏族社会进化的轨迹，同时透析出中华古姓起源的历史信息。

图腾感生　演化为姓

“图腾感生，演化为姓”是近代颇为流行的一种观点，认为中华古姓起源于原始的图腾崇拜。

“图腾”一词，来源于印第安语，图腾崇拜是世界各民族普遍存在的原始宗教的信仰形式，中华民族也不例外。在原始社会中，由于生产力水平和文明程度十分低下，人类既不了解人类与大自然的关系，也不了解自身和氏族组织的起源，认为人类每个氏族、部落都与某种自然现象、动植物、非生物有着某种神秘的亲缘关系，如日月星辰、风云雷电、山川岩石、花草树木、熊罴虎豹、牛羊犬马、禽鸟龙蛇……只需该氏族的始祖母与之接触感应，即会衍生后代。所以图腾物象就成为本氏族的祖先，成为本氏族所共有的标志和徽号，即族徽。这种自然崇拜、生育崇拜、祖先崇拜的原始宗教信仰形式和偶像，即图腾名称，便成为最早的社会组织——氏族的名称，进而演化为该氏族共有的姓源。中国最早的一批古姓，即由氏族图腾演化而来。

各民族中图腾祖先形象有的是自然界中存在的动植物、非生物或自然现象，有的是虚幻的半人半神、半人半兽形象。在我国各民族神话传说与历史文献中，都有许多图腾崇拜、图腾感生的事例。在有关炎黄部族起源的历史文献中，都称说炎帝神农氏，其母为安登，因感应神龙绕身而生炎帝于姜水，因而炎帝神农氏以姜为姓；黄帝轩辕之母附宝，因在大野中见雷电绕北斗七星，感而有孕，生黄帝于轩辕之丘，育于姬水之畔，故以姬为姓；夏祖女志梦流星落地，化为神珠薏苡，后而有孕，生下大禹，故夏人以薏苡为“图腾”，以姒为姓（姒即苡字的演化）；商祖简狄则是因吞食玄鸟之卵而生契，故以鸟为图腾，以子为姓（子即卵）；周祖姜女原因践巨人之迹（熊迹）而生后稷，故周人以熊为图腾，以姬为姓（巨为熊迹之形，巨从女旁而为姬）……

在其他少数民族中，图腾崇拜与图腾感生的传说更是屡见不鲜，有的一直流传至今，成为一种独特的民族习俗。如东夷部族以鸟为图腾，以鸟为官名，以鸟为姓氏。南蛮人传说其始祖父是神犬盘瓠，突厥人说他们的始祖母是一匹母狼，古夜郎人相信他们的始祖出自一支三节大竹，党项人自称源自猕猴，达斡尔族传说其始祖母是一只美丽的狐狸，苗族认为枫木是自己的始祖，怒族传说其祖先是蜜蜂变的，鄂伦春人认母熊为其始祖母，壮族则认为自己是青蛙皇帝的后裔，傈僳族、白族、彝族则认为虎是他们的祖先……时至今日，在这些少数民族地区，仍保留着原始图腾的传说、习俗，仍可以找到以图腾为姓的事例。

20 世纪以来，我国不少学者运用近代科学的观点和方法，重新对传说的历史文献进行了系统研究，并结合考古的发现和社会实践调查，在姓氏与图腾关系的研究上有了重大突破和新的认识。如学术大师郭沫若在 20 世纪 20 年代写的《甲骨文字研究》中就指出：

风姓起源于凤鸟图腾："卜辞风字均作凤……古有风姓之国，春秋时有任宿、须句、颛臾皆风生。古云，太昊之胤，案其实乃以凤为图腾之古民族也。"也即古代东夷部族以鸟为图腾的典型代表。文化学家丁山认为："中国古姓多为图腾之遗留。如秦嬴，是瑞兽之名，周姓姬，是鳄鱼的意义；季札之姓狸，夏姓姒，为妊娠的药草……"社会学家李玄伯也说："姓即图腾的结果，在文字内现在尚能看见种种遗痕。凤——凤姓之图腾；羊——姜姓之图腾；扈鸟——扈姓之图腾；祝融八姓亦源于图腾：蛇（己）——己姓之图腾；龙——董姓之图腾；虫——妘姓之图腾；鼓——彭姓之图腾……"历史学家吕振羽也指出："在中国今日的姓氏中，也保留着不少的原始图腾名称的遗迹；如马、牛、羊、猪、鸟、凤、梅、李、桃、花、叶、林、河、山、水、云、沙、石、毛、皮、龙、冯、蛇、凤，等等。"

上述学者尽管意见不完全一致，但都认为：中华古姓源于图腾，是生殖崇拜、祖先崇拜、图腾崇拜的产物，也是社会历史发展到一定阶段的产物。当代学者王泉根先生还依据前人的研究成果将图腾感生划分为三大类别（参见《中国姓氏的文化解析》）：

履迹：
- 华胥履大人迹而生伏羲
- 姜嫄履大人迹而生后稷

吞物：
- 禹母吞薏苡而生禹
- 简狄吞燕卵而生契

遇异：
- 附宝感北斗而生黄帝
- 女登感神龙而生炎帝
- 女节感流星而生少昊
- 女枢感虹光而生颛顼
- 庆都感赤龙而生伊耆（尧）

总之，由原始社会的图腾名称，演变为氏族组织的徽号、名称，标志着中华姓氏的萌芽和产生，是中华姓氏史上的第一次飞跃和升华。而标志着氏族血缘关系的中华古姓，就成为"区分族别，维系血亲”的重要依据，也是中华姓氏最原始的社会功能。

由图腾感生的中华古姓，大都起源于母系氏族社会。因当时生产力和科学水平十分低下，“人民少而禽兽众，人民不胜禽兽虫蛇”，群生聚处。一个氏族组织由一位老祖母及其衍生的女姓后代子孙组成，人类正处于野合杂交的血族群婚时代，人们知有其母而不知其父。血缘世系只能按母系来计算，所以中华古姓多从母姓，姓的本意强调生育概念。流传至今的中华古姓多带有女字偏旁。如通常所说的“上古八姓”姜、姬、妫、姒、嬴、姞、姚、妘和“十二古姓”姜、姬、姞、嬴、姚、妫、妘、娟、姺、嬿、丑女、娸便是其例。另外，清初顾炎武从《春秋》三传中考订的22个古姓中，除风、子、祁、华、曹、董、归、熊、漆、允10姓属上古图腾感生之外，其余12姓也都来自母系。其中风姓为太昊伏羲氏所传，为中华第一古姓。

简狄吞燕卵

关于中华古姓来源于母系的说法，不仅在历史典籍中屡有记载，在我国最早的文学作品、第一部诗歌总集《诗经》中也有所反映。如《玄鸟》篇说：“天命玄鸟，降而生商”；《长发》篇说：“厥初生民，时维姜嫄”……这些诗篇都是商、周祭祀祖庙的乐章，都是赞颂他们的始祖母，而没有他们的始祖，这是地道的母系氏族社会的历史遗踪。

大约到了旧石器时代晚期，随着生产力的发展，人类的认识水平也有了很大提高，对直系血亲的无限制乱交产生了厌恶，并从实践中逐渐地感受到“男女同姓，其生不蕃”的生物学原理，认识到同一血统的人相互婚配，不利于后代。于是，首先要求对不同的血统加以区分。同时，由于种族的不断繁衍、居住地域的不断扩大、职业身份的不断变化，同一姓族之内依据血缘世系的亲疏、居住地域的远近，就形成了若干分支。对各个氏族及若干分支加以区分的特殊标志就是“姓”。从这一角度来看，姓成为从氏族的内婚制发展到族外婚制的一个重要标志。

在班固等人编撰的《白虎通义·姓名篇》中对此有一段精辟的论述：“人所以有姓者何？所宗爱厚亲亲，远禽兽别婚姻也。故礼别类，同姓不得娶，皆为重人伦也。”“姓别婚姻”成为中华古姓的主要社会功能，也是中华姓氏史上的一大发展和进步。

文明初曙分尊卑　男子称氏别贵贱

在先秦时期，标志部族、宗族的徽号，除姓之外，还有氏的称谓。氏是姓所衍生的产物，即姓的分支。《通鉴外纪》对此有非常明确的论述：“姓者，统其祖考之所自出，氏者，别其子孙之所自分。”也就是说，姓表示宗族的起源、出处，是原有的大宗的称号；氏是后起的、分支的、小宗的族号。而氏字的文字结构，在殷商甲骨文中解释为：“木本”之意，即植物之根，故后世多用“寻根”二字表述某一姓氏认祖寻根、追源溯流的文化情结。

父权确立　尊者为氏

氏出现较姓晚，产生于父系氏族社会时期。在母系氏族社会末期，随着生产力的发展和人口的繁衍，氏族活动的范围不断扩展，氏族组织中不断分出一些小的群体，迁徙到新的地区。为了区分这些新生的、小的社会群体，并维系与原有的氏族组织的联系，于是便产生了“氏”这一社会组织名称。所以我国古代学者在解释“氏”字时，说氏的本义应该作“是”，表示存在的意思，表明其某某分支生活、聚居于某一地区，把地域概念引入了血缘群体的组织之内，用以表示分布于不同地区的、同一姓族组织的分支、衍派，这就是“氏”。《说文解字》中对“氏”的解释则说：“氏，巴蜀山名，岸胁之旁著欲落堕者曰氏”，段玉裁注曰：“小阜之旁（傍）著于山岸胁，而状欲落堕者曰氏；其字亦作坻。”《诗经·秦风·蒹葭》中“宛在水中坻”的“坻”字，即指由岸旁山崖主体崩裂，落堕的小丘，是分裂、析出的一片土地，生动形象地说明了“坻”（即氏）的来历，也正是“氏”字的本义。

有的文献典籍中，把这种从氏族组织中分裂而出的新群体称做“族”，也有的文献典籍“氏”、“族”相提并用。在有关夏、商、周三代历史的记载中，夏代多称氏，如“有扈氏”、“有莘氏”、“有穷氏”、“有仍氏”、“斟鄩氏”……而商代则多称族，如“王族”、“子族”、“三族”、“五族”；周代则氏、族并称，如周初在大量封国命氏的同时，又赐予有功大臣“殷民六族”、“殷民七族”……

综上所述，可以看出，“氏”、“族”都是从大的氏族组织中分离、产生的新的社会群体，是姓的分支、衍派；“氏”、“族”形成的基本原因和主要特征就是地域的区分，即“胙土命氏”，“氏”就成为占有土地、区分地域的重要标志，也是氏的原始的基本功能。这也正是周代“胙土命氏”的历史渊源。

“氏”的产生除“因土命氏”（胙土命氏）之外，另一重要来源是由于社会分工，不同阶层的人因所从事职业、技艺、身份不同，而形成不同的社会集团，获得了各种“氏”的称号。在母系社会末期、父系氏族社会初期，由于生产力的发展，社会财富的积累，社会组织结构的变化，形成了不同的社会阶层和社会集团。在社会分工日益明确，职业技艺日益专业的情况下，男子的优势也日趋明显，于是父系社会逐渐取代了母系社会，父系大家族的杰出人物，成为社会主流的支配力量和各行业、各部门的权力象征。其中既有执掌统治大权的首领阶层（氏族首领、部落酋长等），也有分管山林水泽、农牧渔猎、天文历法、军事刑法、礼仪教化、仓廪财物的各种机构和官员，还有从事“百工技艺”的专业人才。如：“别婚姻，正姓氏”的太昊伏羲氏、“尝百草，艺五谷”的炎帝神农氏、“明人伦、定刑律”的黄帝轩辕氏、“掌历法，辨四时”的少昊金天氏等古代帝王（部落联盟酋长），以及专管山林水泽的“有虞氏”，负责陶器制作的“有陶氏”，司职“火正”的祝融氏、重黎氏，主管刑法的“大理氏”等百官。而百官的技艺往往由家族世袭，代代相承。因此，社会分工、职业世袭，就为“氏”的产生形成另一重要途径。由于社会分工不同，职位、技艺高低不同，“氏”也就成为表明社会地位、身世贵贱的重要标志，也是“氏明贵贱”的历史渊源及其基本功能。“氏”成为社会发展到一定阶段的重要产物和时代的标志。所以说：“尊者为氏”。郑樵在其《通志·氏族略》序中对此有一段精辟的论述：“三代以前，姓氏分而为二，男子称氏，妇人称姓，氏所以别贵贱，贵者有氏，贱者有名无氏……姓所以别婚姻，故有同姓、异姓、庶姓之别；氏同姓不同者，婚姻可通，姓同氏不同者，婚姻不可通。”也就是说，先秦时期，氏不仅是部族、宗支的徽号，也是社会地位尊卑、贵贱的标志。最初，氏是同姓部落的名称，后来则逐渐演变为专指部落首领相沿世袭的尊号。传说中父系社会英雄人物的称号，均加“氏”以尊称，如炎帝神农氏、黄帝轩辕氏、太昊伏羲氏、少昊金天氏等，即是例证。

这种以“氏”别贵贱的风尚，在从父系氏族社会到先秦时期这一历史阶段，相当盛行，形成“同姓异氏，一姓多氏”的社会格局。如炎帝神农氏本来是姜姓部落的始祖，但其后裔却有烈山氏、祝融氏及齐、吕、申、许等氏族分支；黄帝轩辕氏为姬姓部落的始祖，但他的25个儿子，却分为12胞族（氏族）；太昊伏羲氏（伏羲氏），少昊金天氏，本是东方风姓部落的首领，是以鸟为图腾的部族（凤即凤鸟），其后裔则繁衍为凤鸟氏、玄鸟氏、丹鸟氏、青鸟氏、鸠鸟氏、爽鸠氏、伯赵氏及“五雉”、“九扈”等24个“以鸟名官”的氏族。

这样随着父权制的确立和“氏”的形成，母系氏族逐渐被父系氏族所取代，所有的血缘关系，均由父系来确认。所以母系姓族之解体，父系氏族之兴起，成为姓氏发展演变过程中又一个重要的里程碑。

封邦建国　胙土命氏

“氏”的产生有多种途径，其中最主要的一个来源就是“胙土命氏”。“胙土命氏”也写作“祚土命氏”，是夏、商、周三代之时“封邦建国，赐姓命氏”的一种分封制度。它肇始于夏、商时期，盛行于西周初年。《左传·隐公八年》记述一段鲁国卿士无骇去世后，众仲与鲁隐公为之谥号、命“氏”的对话，精辟地阐述了“胙土命氏”的内涵及“姓”、“氏”二者之间的关系和区别：“古者天子建德，因生以赐姓，胙之土而命之氏，诸侯以字为谥，因以为族；官有世功，则有官族；邑亦如之。”意思是说，过去天子封邦建国，分封诸侯，根据其出生而赐姓，又分赏土地而命氏，诸侯以字为谥号，后人便作为族号；担任某种官职，累代世袭而又有功绩的，就以官职作为族号；有封邑的士、大夫即以邑为族号。这里的族号，就是“氏”。宋代史学家郑樵在其《通志·氏族略》中对姓氏的来历和种类曾作过系统的总结和科学的分类，将之分为 32 类，其中以各级地名为“氏”，以（祖父）姓名为

大禹（夏部族始祖）

“氏”，以官爵为“氏”，以职业技艺为“氏”四大类别，是“得氏”最多、影响最大的主要来源。

夏代的“胙土命氏”情况，因缺乏文献记载和考古发现，难以详知，但据《史记·夏本纪》和《世本·氏姓篇》载录，夏禹因治水安民有功，“皇天嘉之，祚以天下，赐姓曰姒，氏曰有夏。”四岳也由于辅助夏禹有功，皇天也“祚四岳国，命为侯伯，赐姓曰姜，氏曰有吕”。在夏代，以国为氏的部族有：夏后氏、有扈氏、有男氏、斟鄩氏、彤城氏、褒氏、费氏、杞氏、缯氏、辛氏、莫氏、斟戈氏及有南氏、有鄩氏等十余个姓氏。此外，中华古姓中著名的祝融八姓：己、董、彭、秃、妘、曹、斟、毕也都“祚土命氏”，建立了苏、顾、温、董、豕、韦、大彭等国。

虞司徒契（商部族始祖）

商朝是典型的奴隶制王朝，国家机构已经形成，“胙土命氏”正式成为姓氏产生的重要途径。商朝帝王嫡子有继承王位的权利，某些庶子则有“胙土命氏”的分封权益。一些有功于王室的功勋大臣及臣服于商王朝的附庸部落，依据其社会地位，也被封赐相应的侯国、采邑。因而商代的姓氏较夏代大为增多，史称商代有“八百诸侯”。见于《史记·殷本纪》和《世本》等文献记载的姓氏有十余个。如殷氏、来氏、宋氏、稚氏、时氏、萧氏、黎氏、空相氏、北殷氏、目夷氏、崇氏、周氏、杞氏、耿氏、微氏、箕氏、阮氏等，皆是以国为氏，至今有相当一部分仍在沿用。在出土的殷墟卜辞中，有多处出现了“王族”、“子族”、“三族”、“五族”的词语。在《尚书·

盘庚》中，将殷商贵族大姓总称为“百姓”。此处的“百姓”二字，是氏族社会时期，“禅让”制度流传下的大族旧姓，与万民相对，原意是指有一定社会地位，被王室“胙土命氏”的贵族阶层。之后，随着社会历史的发展和朝代的更迭，这些贵族阶层失去了原有的封邑和地位，沦为普通庶民，但却保留了原有的姓氏，成为当今姓氏的重要来源，也是后世历代庶民统称为“百姓”的典故。

西周初年的封邦建国、“胙土命氏”，是中国历史上封国最多、“命氏”最广、对姓氏发展影响最大的政治措施。周武王灭商之后，首先对商王朝的部落、属国、附庸国进行了大规模的调整、撤换、改组，分封了一批周王室宗室子弟和开国功臣在商王旧地建藩立国，在成王继位和周公旦辅政期间，又继续“胙土命氏”，立国封侯，建立了一套完整的列爵、封土、建国、命氏的封建宗法制度。

虞后稷弃（周部族始祖）

据史书所载，周朝共灭商朝属国99个，降服652个小国，从而为周初大分封提供了广阔的土地。这种大分封举措，对于商朝原始小邦林立的格局，含有统天下于一尊的意义，显然是社会发展的一大进步。而大分封的结果，必然导致大批“氏”的产生。周朝成为“氏”产生最多的时期，尤其春秋时期，激烈的诸侯兼并，为姓氏的发展演变提供了特定的条件，是中华姓氏史上最重要的发展时期。

周初的“胙土命氏”、封邦建国，与等级森严的宗法制度紧密相连。宗法制度是以血缘关系为基础、以宗族组织为核心、识别宗支派别、区分尊卑长幼、规定继承秩序、明确义务和权利的法规礼制。

宗法制度由父系氏族社会的家长制演变而来，经夏、商两代的发展，到西周初年基本确立。其主要特点是以“嫡长子继承权”为核心，严格区分庶嫡，确立大宗、小宗。其政权形式则是“宗君合一，家国同构”。周天子被视为上天的嫡长子（天子），上天赐给他土地和臣民，拥有分封赏赐土地臣民的绝对权威。据史书记载，周初先后分封诸侯国71国，其中同姓（姬姓）诸侯40国，异姓诸侯31国。这些受封的诸侯尊奉周天子为“大宗”，为天下共主。各诸侯以封国为“氏”，形成新的氏族。各诸侯又在自己国土内分封采地、食邑给同姓或异姓的卿大夫，卿大夫尊奉国君为宗主，并在自己的采邑封地内再次分给同姓或异姓士人。卿士、大夫也以邑、以地为氏，衍生出新的氏族。这样自上而下一层一层的分封，一姓所出的支系越来越多，越来越细，新的氏族也就越来越多。如周天子所封同姓诸侯都是姬姓，但因封国有鲁、郑、卫、晋、吴、虞、霍、虢、管、蔡、巴、随之别，40个同为姬姓的诸侯，即演变为40个新的氏号，而这些获得封国和氏号的诸侯，再次分封，又衍生出新的氏族。如鲁国公姬旦的几个儿子，又分为蒋、凡、邢、茅、胙、祭等若干小国，其公族、支裔衍生的姓氏达91个之多；再如，周宣王时，封其弟姬友于郑国，其后裔衍派达107个姓氏（参见何光岳《周源流史》）。

周代的“胙土命氏”，逐级分封，严格遵循了以嫡长子继承权为核心的封建宗法制原则，即“别子为祖，继别为宗”。具体来讲，就是王室、诸侯的嫡长子有权继承父亲为王、为君；王室、国君的庶子，也称“别子”，无权继承王位、君位，但有分封的权利，需分给一定的食邑、采地，自成系统，通过“胙土命氏”的方式，成为新的氏族，别子就成为这一新的氏族的开派之祖（得姓受氏之祖），即“别子为祖”。别子的嫡长子继承新家族的权位成为这一新的家族的大宗，就是“继别为宗”。这就是后世“祖”、“宗”二字的来历和内涵。

在这种宗法制度下，天子等级最高，可用其王朝的称号为氏：

如周天子及其嫡派子孙即以周为氏；而诸侯国则以其封国为氏，如：晋、鲁、齐、燕、郑、吴等；卿大夫以封邑为“氏”，如原氏、薛氏、杨氏等；效力于王室公族的职业技人等则以技为“氏”，如车氏、屠氏、陶氏等。由于“命氏”由上而下出自帝王、君侯所赐，能够“封土命氏”的，都是贵族诸侯，即使以职业技艺命氏的“百工”，也不是一般平民、贱奴，而是管理平民奴隶的“工长”、管事。因为“氏”可以表明出身家世和社会地位，是贵族特有的标志和尊号，所以“氏”有强烈的“氏明贵贱”的社会功能。在封建宗法制度下，氏族成为周王朝最基本的政治组织形式，其存在、发展、演变、衰落的过程，极其生动地反映了当时社会政治、经济、军事、文化等各个方面的状况，氏族研究在某种意义上是认识和研究先秦史的重要依据。

周武王姬发

这样，由“胙土命氏”的封建宗法制度，逐渐取代了氏族社会单纯的血缘氏族制度，氏族习俗则被提取、转化、升华为系统的理论化、法制化的文化形态和宗法制度。由远古父系氏族社会中的族长制，演变为夏、商、西周的封建宗法制，标志着姓氏文化的萌芽和形成。

先秦姓氏双轨制　秦汉合一成定制

先秦时期，姓氏相别，界定明确，功用不同，不得混用。故而先秦时期，“姓氏双轨”，分别使用，同时并存。秦汉以后，姓氏合一，成为定制。姓氏相别的社会功能，演变为以地望相别、区分等级的门阀制度，融入了封建宗法、社会等级、家族功业等文化内涵，也融入了不同地域、不同民族的各种特色，形成了兼容并包、多元一体的中华姓氏的文化体系。两千多年来虽然经历了改朝换代的风云变幻，吸纳了多次的“胡汉互化”，但姓氏合一的基本形式，世代相承，流传至今。

姓氏双轨　各有功用

“姓氏双轨”是指先秦时期，“姓”与“氏”这两个标示家族谱系的称号，并用共存而又有所区分的现象；“姓氏合一”则是秦汉以来，姓氏一体化的表述。由“姓氏双轨”到“姓氏合一”，是中华姓氏史上一个重要的发展、演变过程，是中华姓氏制度形成和确立的重要标志。

如前所述，“姓”产生于母系氏族社会，“氏”产生于父系氏族社会。“因生赐姓，姓别婚姻”、“胙土命氏，氏明贵贱”，表明“姓”是血缘传承的谱系，“氏”是地域区分的标志；“姓”的功能是区别婚姻，注重血缘人伦，“氏”的功能是表明族别，强调社会政治地位。二者相辅相成，功用不同。“姓氏双轨”制起源于父系氏族社会，从“氏”产生之时起，“姓氏双轨”即开始运行。如中华民族最早的人文初祖太昊伏羲氏，论其姓源是风姓，称其氏号则为伏羲；黄帝轩辕氏，姓源是姬姓，氏号称轩辕；炎帝神农氏，姓源是姜姓，氏号称神农；尧帝姓属姚姓，氏称伊祁；舜为妫姓，氏称有虞；大禹以姒为姓，氏称有夏；商朝以子为姓，以商为氏；周朝以姬为姓，以周为氏。及至周初分封，各诸侯国“姓”有同姓、异姓、庶姓之别；“氏”则各自以国命氏、“姓”自“姓”，“氏”自“氏”，并用共存，互不相混。只是在不同场合，使用时有所不同。比如，在政治、军事、社交、祭祀等以男性为中心的重大场合，以“氏”出现，而谈婚论嫁、缔结姻亲时，则要严格区分姓之所出，即血缘的传承系统。

由于“姓”取决于血缘，生而有姓，故终生不变，世代相承；“氏”则源出君主所赐，后天而来，可因封赏、地域的变化而一变再变。加之，“氏”的来源中，还有以爵为“氏”，以族为“氏”，以技为“氏”，以谥为“氏”，以字为“氏”，以名为“氏”等多种形式，于是出现了一姓多“氏”的现象。如周王室本为姬姓，在西周大分封中，分封同姓诸侯国达40国之多，姬姓即分支为40个新的“氏”。又如：周初封舜帝后裔妫满于陈国，遂以陈为“氏”；妫满死后，赐号胡公，又以胡为“氏”；因舜生于姚墟，故以姚为“氏”；妫满后裔中有一支食邑于田，又以田为“氏”。于是“妫、陈、胡、姚、田”被称为“舜裔五姓”。再如鲁孝公后代展禽，因其先人字子展而得展氏，因受封于柳，而得柳氏，死后谥号惠，而得惠氏。公孙鞅因是卫国人称卫鞅，因受封于商而称商鞅，因是卫国公族之孙，也称公孙鞅。再如晋国大夫士会一生中称谓有九个：士会、随季、武子、士季、随会、随武子、范会、范武子，其中随、范为封邑，士为官职，季为排行，武为谥号，会为名字。这种“姓”、“氏”并用共存的“姓氏双轨”制，历经夏、商、西周，一直延续到春秋末期未发生变化。到春秋末期，战国之际，由于社会的急剧动荡，“礼乐崩毁，社会失序”，“姓氏双轨”制赖以生存的社会基础日益瓦解。

首先，从“胙土命氏，氏明贵贱”的角度来看，春秋末期周天子的权威下降，已无力分封和控制诸侯，不再具备“胙土命氏”的实力，诸侯僭越称位，自立王侯者时有所闻，亡国失氏者屡见不鲜。到春秋末期，周初分封的百余个大小诸侯，仅剩下晋、齐、秦、郑、宋、卫、鲁、陈、蔡、许、曹、楚12大诸侯。进入战国时期，又形成秦、楚、齐、燕、韩、赵、魏七雄争霸的局面。长期的诸侯割据，兼并战乱，使一些世家大族因灭国或失掉封邑，流离失所，坠命亡氏，降为庶民。而一些地位低下的士人阶层、庶民百姓则乘势而起，逐步登上政治舞台。如商鞅、范雎、苏秦、张仪，即依仗自己的才能功业，列土封侯，成为新的贵族阶层，产生了新的氏族。尤其是春秋末期，随着“井田制”的破坏和土地私有制的确立及商业贸易的发展，拥有大片土地私有权的地主阶级和新兴的商业人士，逐渐取代了由封建宗法产生的、世袭土地臣民的贵族阶层，成为社会的新贵。如春秋时鲁国人猗顿，早年是“耕则常饥，桑则常寒”，常年不得温饱的一介平民，后弃农经商，“畜牛羊于猗氏之南（今山西临猗县），十年间其息不可计，贵似王公，驰名天下”，成为中国历史上最早的商业巨子，遂以发家之地猗氏为“氏”。再如越国大夫范蠡，辅佐越王勾践，“十年生聚，十年教养”，灭掉吴国后，即挂印而去，经商于四海，成为天下巨富，后定居于帝尧之子丹朱故地——陶邱（今山东平原县），自称陶朱公，以陶朱为“氏”。在“重农抑商”、“重本轻末”的宗法社会里，因经商致富而侧身氏族之列，说明了社会风气的一大变革，“氏明贵贱”的社会功能已失去了其现实意义。

其次，从同姓不得通婚的社会礼制和伦理观念来看，“姓别婚姻”一向被世人所推崇，并以法制和礼制的双重形式世代相延，若有违犯将受重责。但是到春秋末期，由于出于同一古姓的社会集团不断地繁衍、增殖，势力范围和地理分布不断扩大，同姓异氏的分支越来越多，血缘关系越来越远，同姓不婚的观念日益淡薄。加之在夫权社会里，男尊女卑的世俗观念十分盛行，买卖奴婢、陪嫁媵妾等社会风气也十分普遍，婚姻已成为具有功利性的社会交易。尤其是一些同姓异氏的诸侯、贵族，出于政治、外交等多种需求，往往置同姓不婚的祖训于不顾，通过联姻缔亲等手段，实现自身的利益。如出自姬姓的鲁昭公即娶了同样源自姬姓的吴国女子吴孟子为妻，受到孔子的评议；晋平公也因贪图美色娶了与自己同姓的四个美女为妾。由此可见，同姓不婚这一古老礼俗的约束力已越来越薄弱，“姓别婚姻”的社会功能，也日渐减弱。

秦汉一统　姓氏合一

秦灭六国后，一统天下，全面推行郡县制度，完全以行政区划代替了以血缘关系为网络的封建宗法制度。这种政治结构的社会制度，既葬送了封建宗法制度，也铲除了世卿世禄的世袭制度，使代表贵族阶层高贵出身和社会地位的“氏”黯然无光，成为只标记血缘谱系的符号，与“因生赐姓”、标志家族血缘关系的“姓”已无多大区别。“姓氏合一”已是社会历史发展的必然趋势。

“姓氏合一”的制度始于西汉初年，顾炎武在《日知录·氏族》中说：“姓氏之称自太史公始混而为一。《本纪》于秦始皇则曰‘姓赵氏’，于汉高祖则曰‘姓刘氏’。”也就是说太史公司马迁忠实地记录了这一历史时期“姓氏合一”的姓氏制度及其演变的规律。秦朝末年，大规模农民起义爆发，封建宗法的姓氏制度受到严峻的挑战和毁灭性打击。秦末农民大起义的领袖，戍卒出身的陈胜揭竿而起振臂一呼，首先发出了“帝王将相宁有种乎”的质疑。一批平民百姓，甚至刑奴、屠夫涌入了农民起义军的行列，成为推翻秦朝统治、建立西汉王朝的主力和元勋。如汉高祖刘邦原为泗水县亭长，汉丞相萧何为沛县小吏，梁王彭越原为渔户，舞阳侯樊哙乃一杀狗屠夫，统军大将淮阴侯韩信则是流浪街头、曾乞食于漂母（洗衣妇）的市井小民，淮南王英布原为被黥刑、刺面的刑奴。这些推翻暴秦、创建汉朝的新贵，均出身寒微，没有显贵的家世，自然而然地摈弃了原先那种标志社会身份地位、以“氏明贵贱”的姓氏制度，对原有的贵族世家进行了毫不留情的扫除。据史书记载，西汉初年，为消灭各地豪强的势力，抑制六国旧族试图复国的苗头，下令将齐、楚、燕、赵、韩、魏六国后裔和豪族名门十多万人，强行迁徙到关中诸陵，分给田宅，集中居住。如齐国公族田氏，因族大人多，迁徙时即按照其居住的宅第，分为八门、八氏：田广之孙田登为第一氏，田祭为第二氏，田癸为第三氏……田广之弟田英为第八氏。堂堂的一国王族，国破家亡之后，不仅其后裔沦为庶人、罪民，其姓氏也遭到践踏，由国姓公族改为以毫无意义的序号作为姓氏。这种“亡国坠氏”的惨剧在春秋战国之际已是屡见不鲜。到秦汉时，表明社会地位、区别身份贵贱的“胙土命氏”的封建宗法制度荡然无存，“氏明贵贱”的社会功能也随之消失，“姓”、“氏”都成为仅仅表明个人及其家族血缘关系的符号，恢复了中华古姓产生之初的本义，“姓”、“氏”两大支脉又合二而一，融为一体。郑樵在其《通志·氏族略》中对这种“姓氏之失”、“浑而为一”的历史演变有一段十分形象的描述：“秦灭六国，子孙皆为庶民，或以国为氏，或以姓为氏，或以氏为氏，姓氏之失，自此始。故楚之子孙，可以称楚，亦可称芈；周之子孙，周之南君，亦可称姬嘉。又如姚恢，改姓为妫，妫皓改姓为姚，兹姓与氏浑而为一者也。”并进而由此论断：“三代（夏、商、周）之时姓分为二，男子称氏，妇人称姓。氏所以别贵贱……姓所以别婚姻……三代之后，姓氏合二而一，皆所以别婚姻，而以地望明贵贱。”

由先秦时的姓氏相别、“姓氏双轨”，到秦汉以来的“姓氏合一”、姓氏通用，是姓氏发展史上一个重大的转折、演变，秦汉以后，姓氏不别，浑为一体，或言姓，或言氏，或兼称“姓”、“氏”。这种“姓氏合一”的结果，使原先用以明贵贱的“氏”完全融入原始的姓中，极大地丰富和扩展了姓的数量和内涵，形成当今姓氏的基本形态，姓氏体系基本定型，历朝历代虽有所发展、变化，但都基本上保持遵循了“姓氏合一”这一模式。自此以后，姓氏不再有别，自帝王以至平民百姓，人人都享有姓氏的权利，每一个宗族都有自己固定的姓氏，子子孙孙持续使用，留传至今。为区分先秦时期和秦汉以来姓氏发展的不同历史阶段和文化内涵，我们把先秦姓氏统称为“古姓”，把秦汉以来姓氏统称为“今姓”。

第二章

展示百姓风采 演绎华夏文明

——姓氏的类别、特色及传承演变

纵观中华姓氏起源、发展、演变、形成的历史轨迹，可以看出，中华姓氏具有姓源广博、包罗万象，持续传承、纵贯古今，兼容并包、多元一体，分类科学、自成体系等鲜明特色，形成了完整系统的人文科学体系，是世界各国、各民族都不可比拟的文化瑰宝。

以日本为例，由于受中国传统文化影响较深，姓氏起源较早，但直到一百多年前，日本人还不是每个人都有姓氏，只有贵族、武士、神官才有姓氏。1868 年明治维新，八年后，颁布了《苗字必称令》（也译作《平民必称姓氏、名字义务令》，简称“壬申户籍法”），下令全国平民“必须人人有姓氏”，明确规定作为“国民的一种义务”强制推行，于是平民百姓才急急忙忙随便取一个姓氏来应付。许多人因不知如何选姓，便以神官手中的标志——铃木为姓，以求得恩荫吉利，因而铃木成为当今日本的第一大姓。再如法国和欧洲东部的犹太人，直到 19 世纪才有姓氏。在 18 世纪前，犹太人只有名，没有姓。《圣经》中记载的一千多名犹太人及祖先，如亚伯拉罕、雅各、大卫、所罗门等，均是有名无姓。18 世纪晚期，奥匈帝国哈布斯堡王朝，为强制同化犹太人，下令犹太人必须采用固定的姓氏，欧洲各国统治者纷纷仿效，用严刑峻法强制犹太人在短期内为自己确定姓氏，并由行政部门出面干预，胡编乱造，强行登记，于是在部分犹太人中出现了荒诞无稽的姓氏，如“阿凡克劳特”（瘦皮猴）、“奥赫森施瓦兹”（公牛尾巴）、“伊塞尔科普”（蠢驴脑袋）等充满侮辱性的姓氏。到 20 世纪 30 年代，德国纳粹政权再次强迫犹太人改名换姓，使原已混乱的犹太人姓氏更加混乱不堪。直到十多年后，以色列立国，犹太人才抹掉历史留给他们姓氏上的耻辱。

此外，英、美等西方国家，由于历史原因，其姓氏多起源于希腊、希伯来、条顿、拉丁等语系，而且带有浓厚的宗教色彩。

总之，由于社会、民族习惯、文化传统等多方面原因，不同国家、不同民族的姓氏，在姓氏文化上各有特色。相比之下，中华民族的姓氏文化，确实是源远流长，丰富多彩，特色鲜明，体系完备，值得我们每一位中华民族的子孙骄傲和自豪。

包罗万象姓源广　纵贯古今源流长

人之有姓，与生俱来。姓氏作为社会个体或家族群体的重要标志，在日常生活、社会往来、功名事业、典籍记载中，无处不在，可谓生而有姓，终生相随，死而传世，代代相承。

然而从古到今，中国人到底有多少姓氏，现存姓氏又有多少，由于历代人口姓氏的不断发展、演变，历来说法不一。据明代学者顾炎武《日知录》记载，上古三皇五帝时姓氏只有 22 个，加上五帝以外的其他姓，大约 50 个。汉代史游所著《急就篇》仅列 130 个姓，唐朝林宝所撰《元和姓纂》所收姓氏达1232个，宋代郑樵《通志·氏族略》所录姓氏为 2255 个，邵思的《姓解》中收录姓氏 2568 个，元代马端临的《文献统考》中载录姓氏 3736 个，明代王圻的《续文献通考》著录姓氏已多达 4657 个。明末清初凌迪知编撰的《古今万姓通谱》有“万家姓”之称，可见我国古代姓氏之多。中国台湾邓献鲸所编《中国姓氏集》收录姓氏已有 5652 个。在今人窦学田所编撰的《中华古今姓氏大辞典》中，收录古今姓氏已达12000多个。而比较权威的说法则是中国科学院遗传研究所研究人员杜若甫、袁义达根据全国第四次人口普查资料及中国台湾1970年出版的《台湾地区人口之姓氏分布》一书，进行统计研究，编撰出版的《中华姓氏大辞典》中，确定中华民族的姓氏多达11969个，其中单字姓5327个、双字姓4329个、三个字以上姓氏2313个。目前仍在通用的汉姓3000多个。

根据袁、杜二人随机抽样调查，在全国诸多姓氏中以李姓最多，占汉族人口的7.94%，总人数超过1亿以上。占汉族人口1%以上的姓氏有19个，依次是：李、王、张、刘、陈、杨、赵、黄、周、吴、徐、孙、胡、朱、高、林、何、郭、马。同时根据人口的多少排出了位居前列的100个大姓，排在19姓之后的81姓为：罗、梁、宋、郑、谢、韩、唐、冯、于、董、萧、程、曹、袁、邓、许、傅、沈、曾、彭、吕、苏、卢、蒋、蔡、贾、丁、魏、薛、叶、阎、余、潘、杜、戴、夏、钟、汪、田、任、姜、范、方、石、姚、谭、廖、邹、熊、金、陆、郝、孔、白、崔、康、毛、邱、秦、江、史、顾、侯、邵、孟、龙、万、段、雷、钱、汤、尹、黎、易、常、武、乔、贺、赖、龚、文。

祖国的宝岛台湾，虽然长期悬隔海外，但当地居民多为闽、粤二省移民后裔，在2200多万人口中，汉族占99%以上。其人口姓氏的排列依次为：陈、林、黄、张、李、王、吴、刘、蔡、杨、许、郑、谢、高、洪、丘、曾、廖、赖、徐、周、叶、苏、庄等，它们体现出与祖国大陆同源、同根的历史渊源和文化情结。

泱泱大国，亿万苍生，在这数以万计的古今姓氏中，有的相沿承袭，沿用至今；有的昙花一现，自生自灭；也有的遭逢变故，改姓冒姓；还有的姓随人意，应运而生。这些姓氏千奇百怪，五花八门，乍一看，似乎头绪繁多，庞杂无序。但若追根溯源，分门别类，即可发现如此众多的古今姓氏，姓源明晰，类别井然。经过历代专家学者的整理研究，姓氏学已成为专事研究人类姓氏起源、繁衍变迁、地理分布及其社会功能的专业学科。它可将繁杂众多的古今姓氏，条分缕析，归并为若干门类。

中国的姓氏分类学始于何时，难以考究。从现存文献典籍来看，最早的有关记述，是汉代应劭《风俗通·姓氏篇》和王符的《潜夫论·志氏姓》，收录了当时的数百个姓氏，并依据其得姓受氏的来源，分为九大类型：

1. 氏于号。以祖先的族号为姓氏，如：唐、虞、夏、殷。

2. 氏于爵。以赏赐的爵位为姓氏，如：王、公、侯、伯。

3. 氏于居。以居住地方为姓氏，如：城、郭、园、池。

4. 氏于谥。以贵族的谥号为姓氏，如：文、武、庄、穆。

5. 氏于官。以担任的官衔为姓氏，如：司马、司空、司徒。

6. 氏于国。以分封的国名为姓氏，如：齐、鲁、宋、卫。

7. 氏于事。以特殊事件、典故为姓氏，如：车、窦、白马、青牛。

8. 氏于序。以兄弟亲属的排列顺序为姓氏，如：伯、仲、叔、季。

9. 氏于职。以职务的称号为姓氏，如：三鸟（大夫）、五鹿（大夫）。

上述分类，基本符合我国古代姓氏的来历，但显得较为简略。此后千余年来，有关姓氏的著述层出不穷，但对后世影响较大、分类较为明晰、较有权威的著述，是宋代郑樵的《通志·氏族略》。

《通志·氏族略》博采前人研究成果，集众家之说，将得姓受氏的类别，详列为32类："以国为氏，以郡国为氏，以邑为氏，以乡为氏，以亭为氏，以地为氏，以姓为氏，以字为氏，以名为氏，以次为氏，以族为氏，以官为氏，以爵为氏，以凶德为氏，以吉德为氏，以技为氏，以事为氏，以谥为氏，以爵系为氏，以国系为氏，以族系为氏，以名氏为氏，以国爵为氏，以邑系为氏，以官名为氏，以邑谥为氏，以谥氏为氏，以爵谥为氏，代北复姓，关西复姓，诸方复姓，代北三字姓。”

以上应劭之分类过于粗略，多有疏漏，而郑樵之分类则太过烦琐，且有重复。后世姓氏学著述或删繁就简，或增补新的姓源，使得姓受氏之源流分类异彩纷呈，各有优劣。今汲取各家之长，将我国姓氏之起源形式归纳为以下类型：

1. 以图腾为氏

上古时期，每个氏族都有自己的图腾，后来不少图腾演变为姓氏。如夏祖女志梦见流星落地，化为神珠薏苡，吞之而生禹，故以薏苡为图腾，姓“姒”氏，“姒”即由“苡”字演化而来。再如周之始祖母姜嫄因“履大人之迹”而生稷，所谓“大人之迹”是指巨大的足迹，实为熊的足迹，故周人以熊为图腾，以“姬”为姓。又如东夷部族以鸟为图腾，史称“鸟夷”，有不少鸟类的图腾演化为姓氏，如鸟氏、凤氏、爽鸠氏等。

至于少数民族地区以图腾为姓氏的例子更多。拉祜族以虎为图腾，故有人姓虎氏。

2. 以国为氏

以国为氏，大体有4种情况。一为以古封国为氏。如唐氏，尧帝初封于唐（其地在中山唐县），周代又封其后裔为唐侯（其地在鲁山县）以奉尧嗣，故其子孙为唐氏。又如商氏，舜帝命契为司徒，封于商，子孙以国为氏，是为商氏。周初大封诸侯，各诸侯国子孙以国为氏的情况更为普遍，如齐、鲁、卫、晋、管、蔡、霍、曹、陈、楚、郑、吴、韩、魏、许、吕等均是以国为氏。

以国为氏的第二种情况是古代边远地区少数民族小国归化后，以国为氏，如汉代西羌滇国，于汉武帝时降汉，后人称为滇氏。唐永徽初年，有吐火国遣使者来献大鸟，留居中国，称为吐火氏。

以国为氏的第三种情况是异国人来华定居，以其国名为氏。如东汉时安息国太子出家修行，游历中原，定居洛阳，遂称安氏。隋唐时，西域有个米国（今乌兹别克境内），其国人来华定居，大多称为米氏。印度古称天竺，有国人来华留居，自称为竺氏。

以国为氏的第四种情况是汉代以后，受封郡国的诸侯王，以郡国爵位为氏，如汉代景丹封采阳侯，赵谦祥封周阳侯，张敖封信都侯，其子孙均以所封郡国为氏。

3. 以封邑为氏

自周代实施分封制度之后，各受封于天子的诸侯国可在自己的封地内对公族卿大夫及有功之士赏赐大小不等的封地，俗称“封邑”，作为受封的食采之地，故封邑亦称“食邑”、“采邑”。后人因以为氏，如温、苏、杨、甘、樊、祭、尹、贾、栾、郦、鄀等。

与封邑性质类似，而所封采邑较小的“五等之封”，通常封于乡。其子孙以乡为氏，如裴、陆、庞、阎之类。

4. 以地为氏

以地为氏有三种类型：有以所封之地为氏，无封地者以所居之地为氏，也有以所生之地为氏的。如神农氏生于姜水，因而取姓为姜；虞舜因居于姚墟，因而取姓为姚；商代名相傅说因筑居于傅岩，故称傅氏；再如东郭、西郭、北郭、东门、西门等，均以生地或居地为氏。

另外，也有以当地名山大川为氏者。如鲜卑人居贺兰山之阳，后人称“贺兰氏”；越王无疆次子居欧余山之阳，后人称为“欧阳氏”或“欧氏”。再如伏羲氏有一支后裔，迁徙到川东巴水上游，子孙留居此地，称为“巴氏”。

5. 以族为氏

以族为氏者，可分两大类别：一是以宗族、公族（主要是卿大夫、王公、贵族）分支为氏。如楚有三族，昭、屈、景；齐有左、右公子，故分左、右两族。二是古代少数民族，以部落、部族为氏。如汉代鲜卑族有慕容部，后人称慕容氏；古匈奴有呼衍部，内附中原后，称为呼衍氏，也称呼延氏；古辽东有宇文部、完颜部，后人称宇文氏、完颜氏。

6. 以官为氏

李氏始祖理利贞

以官为氏者，多以其所任官职之职能、性质为氏。如春秋时，管理市场的官员称为“褚师”，宋、卫、郑、鲁等国均有此设置，子孙世袭此职，称“褚氏”。帝尧时，皋陶担任执掌刑狱的大理职务（司法官），子孙世袭此职，称“理氏”。商纣王时，理征因直言进谏，获罪被诛，其子理利贞避难于伊侯之墟，“食木子得生”遂改“理”为“李”。周大夫辛有，二子在晋国任“董史”（监管晋国典籍的史官），后代以官为氏，称“董氏”。周代宫廷中专管藏冰的官员叫“凌人”，后代称为“凌氏”。再如司马、司徒、司空、司寇、司工、司城、司土、司功等姓，皆系以官为氏。

7. 以序为氏

以序为氏者，一是指以始祖排行顺序为姓。古代兄弟排行通常用伯、孟、仲、叔、季来表示长幼之序，因而形成了伯、孟、仲、叔、季等姓氏。如鲁桓公之子庆父在庶子中排行老大，他的子孙便称为孟孙氏，简称孟氏；仲孙氏、季孙氏等姓氏均属此类。

二是以表示事物的先后次第为姓氏。如汉初迁六国后裔及豪强大族于关中，齐国田氏分支较多，为便于区分，分别排列为第一氏、第二氏到第八氏，后世遂有第一氏、第二氏、第三氏等特殊姓氏。

三是以表示时间先后、顺序的序号为姓。如甲、乙、丙、丁、戊、己、庚、辛、壬、癸及子、丑、寅、卯、辰、巳、午、未、申、酉、戌、亥，原为天干、地支的专用名词，后演变为姓氏。传说混沌初开之际，天皇氏有十二人，为使十二兄弟“轮流相合，周而复始”共理天下，便商定以“十天干以定岁次”，“立十二地支，以定四时”。这种传说虽难以考证，但从文献记载及考古发现中可以确知，商代开国之君成汤号“天乙”，成汤之孙号“太甲”。此外尚有“祖乙”、“外丙”、“仲丁”、“太戊”、“雍己”、“祖庚”、“帝辛”、“外壬”等商王名号，可见后世以十天干为姓氏的姓源由来已久。

同时，在《史记》、《路史》、《姓苑》、《姓考》、《姓解》等姓氏书中，也都载录了以子、丑、寅、卯等十二地支为姓源的姓氏。

8. *以爵为氏*

以爵为氏者，多为王侯公室等贵族后裔。如皇、王、公、侯、公孙、公士、庶长等姓氏，均以其始祖爵位封号为氏。但同姓未必是同源同宗，如王姓，有“姬姓”（周代王族）之王，如“太原王”；有子姓之王，如“汲郡王氏”（商代比干后裔）之王；有“妫姓”（舜帝之后）之王；有“虏姓”（由少数民族汉化）之王；也有亡国后的王孙公子改为王姓者。由于姓源较多，故王氏人口众多，成为中国大姓。

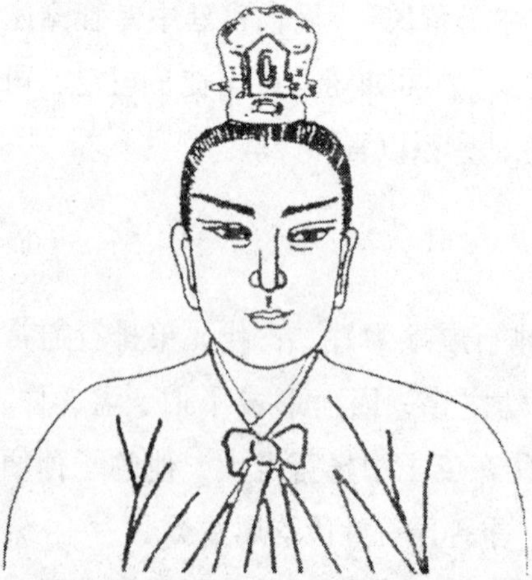

王氏始祖太子晋

在以爵为氏的同一姓氏中，又区分“族系”，衍生出“以爵系为氏”的一种复姓类别。如“王氏”派生出“王孙氏”、“王叔氏”；“公氏”则有“公子氏”、“公孙氏”的区别。

9. 以名、号为氏

此类姓氏的来源，大都来自古代帝王、名臣、名人。如伏氏为伏羲氏之后、有氏为有巢氏之后、轩辕氏为黄帝之后、禹氏为大禹之后、汤氏为商汤之后、员氏为楚名臣伍员之后、金氏为少昊金天氏之后、甲氏为商王太甲之后等。

与“以名、号为氏”相同的另一类别是“以字为氏”。如白氏为秦国大将白乙丙之后（白乙丙，姓蹇名丙，字白乙）；宋国大司马公孙嘉，字孔父，其孙遂以祖父字为氏，称为孔氏。

张氏始祖张挥

10. 以谥为氏

谥法起于周代，所谓“生有爵，死有谥，贵者之事也”，多为帝王、名臣死后追封加赠的褒扬之词，后世子孙引以为荣，遂以谥为氏。如庄氏为庄王之后，康氏为康叔之后，武氏为宋武公之后，桓氏为齐桓公之后，文氏为周文王之支系等。

11. 以技艺为氏

古代百工技艺多子承父业，世代相传，相沿既久，遂以为氏。如以陶冶为业者为陶氏，以屠宰为业者称屠氏，以卜巫为业者称巫氏。此外，如工氏、农氏、药氏皆为此类。

12. 以德行为氏

以德行为氏可分为两类：一是以“吉德”即优良品德为氏，如赵大夫赵衰对人热诚温厚，有如冬天的太阳般可亲，故称为“冬日氏”。二是以“凶德”即劣行、罪恶为氏。此类姓氏多为历代统治者惩罚敌对势力或有罪之臣而强加于人的。如汉代淮南王英布起兵反汉，兵败被杀。因其早年曾受黥刑（脸上刺字）。其族人被贬为“黥氏”。杨玄感因起兵反隋，被隋炀帝贬为“枭氏”。

13. 以事为氏

以事为氏者多含有纪念意义性质。如夏代少康帝的母亲为避寒浞的追杀，怀着身孕从后墙一洞穴中逃出，回娘家生下少康。少康中兴恢复帝位后，为纪念此事，便命小儿子改姓“窦”氏，“窦”即洞穴之意。再如汉武帝时，丞相田千秋因年老，每奉旨入朝议事，特诏乘小车出入宫中，以示尊老之意，时人称之为“车丞相”，其子孙遂以“车”为氏。

14. 以物为氏

古人常以祥瑞之物作为姓氏。如前秦符洪家，池生菖蒲，长五丈，其形五节如竹，当时的人称之为“蒲家”，后人便为“蒲氏”。再如长柳氏、长梧氏、长桑氏等均因家园有此祥瑞之物而以为氏。

15. 以任所为氏

以担任某地职守而为氏者，在春秋战国时较为盛行，是以封邑为氏的一种变相衍生。如楚国兰氏、权氏、沈氏、鄢氏，鲁国之匡氏等，均因其祖上曾分别担任兰县、权县、沈县、鄢县及匡县县尹而得姓。

16. 赐姓、冒姓、改姓

此处的赐姓，是狭义的专指赐姓，不同于三代以前的“因生赐姓”，而是秦汉以后封建大一统的专制国家形成后，最高统治者为褒赏笼络臣属的一种政治手段。赐姓多为历代帝王赏赐有功之臣为皇室姓氏，统称“国姓”。赐姓之制始于汉代。汉高祖刘邦为表彰娄敬、项伯的功绩，赐娄、项二人为刘姓。唐代赐予有功之臣和归附的番邦异族为“李姓”者多达 16 族。明太祖朱元璋也曾赐外甥李文忠、养子沐英、何文辉等为朱姓。南明隆武帝也赐郑成功为“朱姓”，人称“国姓爷”，以示荣宠。皇帝赐姓于臣属，并不都是褒奖、恩宠；对于政敌、叛臣，也赐凶险姓氏以示惩罚。如武则天称帝后，强令唐室皇后王氏改姓“蟒”，将起兵反对她的李姓诸王赐姓虺（音毁）氏。

钱氏始祖钱孚

冒姓之现象多发生于魏晋、隋唐，由于“九品中正制”及其以郡望门第品评人物，选官任职，出身寒门者往往有冒姓、攀附之现象。

严子陵

改姓多为避仇、避难或避讳时，改称他姓。如东汉时有个聂台，和人结下怨仇，为逃避仇人追杀，改为张姓，隐居雁门马邑（今山西朔州）。他的后人张辽，是三国时名将。

17. 诸种复姓

中国复姓由来已久，尤其是在边远地区的少数民族中复姓更为普遍。

宋代郑樵在其所著《通志·氏族略》中，将复姓列为“代北复姓、关西复姓、诸方复姓、代北三字姓”四个门类，实际上复姓多至四字、五字以至七八字的也还不少，尤其是宋代以后，经辽、金、西夏、元、清几代，中华各民族之间接触、交融日益频繁，奠定了现代民族团结大家庭的基础。上述这些具有民族特色的姓氏，随着历史的进化和民族的融合，大部分已简化、汉化，只有一小部分仍保留着复姓的原貌。如清朝的“爱新觉罗氏”等，一直沿用到现在。

18. 其他姓源

中国姓氏庞杂繁多，姓氏来源千奇百怪。

如古代有一种“吹律定姓”的特殊方式。《白虎通·姓名篇》说：“古者圣人吹律定姓，以记其族。”因古代母系氏族社会，人多知其母而不知其父，“有同祖而异姓，有同姓而异祖”，或因避仇改姓等，相互错杂。为区分族别，故有“吹律定姓”之法，即依据古代韵律而定姓氏。如《汉书·京房传》记载：“房本姓李，推律自定为京姓”。

此外，有以古都名为氏者，如少昊建都芬桑，后人有芬桑氏；黄帝建都于有熊，后人有有熊氏；周故都在岐，子孙留居者，称为岐氏。也有以古朝代名为氏者，如夏、商、周、秦、汉等。还有以乡为氏、以亭为氏、以姓为氏，少数民族与汉族混姓，简化改姓等多种姓源，纷繁复杂，难以一一列述。

中国的姓氏来源及其类别，虽然千头万绪，五花八门，若从现代生活的角度和科学体系看，可归纳为四大特色：

第一，地域性。以人类出生，居住，生活的地方为姓氏来源。

如以国为氏、以邑为氏等即属此类。

第二，纪念性。以先祖或部族的图腾、名讳、徽号、谥号为姓氏来源。如以字为氏、以名为氏、以族为氏、以谥为氏、以爵为氏等皆属此类。

第三，职业性。以先祖所从事的工作、官职、技艺等作为姓氏来源。如以官为氏、以技艺为氏、以事为氏、以职为氏等皆属此类。

第四，历史性。先祖或部族的图腾崇拜或与生活、生存发展紧密相关的古老的姓氏及少数民族的姓氏，大多属于此类。

随着人类社会的文明进步和人口的繁衍增长，姓氏日益增多，姓源也日益复杂，甚至发展到“姓随人便”的程度。如在革命战争年代，地下工作者改用化名；一些著名作家和艺术工作者取用艺名；独生子女成婚后，兼用夫妻双方姓氏为后代取名等。另外，涉外婚姻中兼用中外姓氏者也比比皆是。凡此种种因素必然导致中国姓氏日益丰富多彩。

中国姓氏虽然源远流长，但历代由于受到地域、交通、通讯等多方面的限制，人们很难全面了解和调查各个姓氏的情况，也难以做出全国性的统计。因此虽然历代都有专人、专著整理这方面的资料，但大都停留在姓氏的多少及部分姓氏的起源方面。姓氏文化在文字学、历史学、民俗学、心理学、教育学、民族学以及政治、经济、宗教等学科中的历史作用和社会功能，尚有待于进一步发掘、整理和系统研究。

奇僻姓氏多绚丽　各有特色蕴情趣

中国姓氏历经数万年演绎、发展，内涵丰富，异彩纷呈。随着朝代的更替、民族的融合，不少姓氏已湮没在历史的长河中，一些新的姓氏则在时代的进程中产生。在从古到今的数万个姓氏中，有不少稀奇古怪的奇僻姓氏，若稍加收集，分门别类，则情趣盎然，回味无穷。现择其要者简述如下：

1. 代表数字的姓氏有：

一、二、三、四、五、六、七、八、九、十、壹、贰、叁、肆、伍、陆、柒、捌、玖、拾、零、百、千、万等。

2. 表示时令、节气、气象的姓氏有：

春、夏、秋、冬、阴、阳、日、月、年、岁、季、时、分、秒、风、云、雷、电、雨、雪、冰等。

3. 表示方向、方位的姓氏有：

东、南、西、北、上、下、左、右、前、后、高、低、东方、西门、北宫、南郭等。

4. 表示各个历史朝代的姓氏有：

夏、商、周、秦、汉、晋、魏、蜀、吴、梁、齐、陈、隋、唐、宋、元、明、金、清等。

5. 表示中国各省、市、自治区地名简称的姓氏有：

京、津、沪、冀、鲁、豫、苏、皖、晋、桂、湘、鄂、闽、川、浙、甘、宁、陕、吉、辽、黑、台等。

6. 表示中国各民族称谓的姓氏有：

汉、满、蒙、回、藏、苗、彝、侗、瑶、白、黎、土、羌、怒、壮等。

7. 表示各行业的姓氏有：

工、农、商、学、兵、艺、师、陶、铁、医、干、战、药、屠等。

8. 表示各种颜色的姓氏有：

赤、橙、黄、绿、青、蓝、紫、红、黑、白、灰、乌、丹、朱等。

9. 表示天干地支的姓氏有：

甲、乙、丙、丁、戊、己、庚、辛、壬、癸、子、丑、寅、卯、辰、巳、午、未、申、酉、戌、亥等。

10. 表示五行、五常的姓氏有：

金、木、水、火、土、仁、义、礼、智、信等。

11. 表示五音、五金的姓氏有：

宫、商、角、徵、羽、金、银、铜、铁、铝等。

12. 表示六畜、四兽的姓氏有：

牛、马、猪、羊、狗、鸡、龙、凤、鹤、麟等。

13. 表示五岳、江河的姓氏有：

泰、华、恒、衡、嵩、江、河、湖、海等。

14. 表示五谷、百果的姓氏有：

麻、黍、稷、麦、豆、桃、李、杏、梨、果等。

15. 表示“岁寒三友”及花草四君子的姓氏有：

松、竹、梅、兰、菊等。

16. 表示人伦、亲属的姓氏有：

祖、宗、父、子、公、孙、叔、伯、老、娘、姑、姐等。

17. 表示人体部位的姓氏有：

头、骨、耳、目、口、舌、齿、胆、足、皮、毛等。

18. 表示动物属类称谓的姓氏有：

熊、狼、虎、蛇、虫、鱼、鸡、鸭、鹅、牛、马、驴、猫、鹿等。

19. 表示以官职为姓的有：

王、公、侯、伯、尉、司马、司徒、督、尹、卿、相等。

20. 表示因罪受贬或地位卑微的姓氏有：

杀、死、丑、打、骂、不、黥、虺、蟒等。

除上述各种奇异古怪的姓氏外，有相当一部分姓氏文字生僻，笔画繁杂，难写，难读，甚至连字典上都难以查找。

此外，还有姓氏为多字姓（三字以上）的，如刹利耶加氏、唐兀乌密氏、矢黎婆罗氏、胡右口引氏、自死独膊氏、秃鲁八歹氏、拙儿擦歹氏、乞失迷儿氏、主儿赤台乌祜氏、卜颜勒多伯台氏等，这主要是少数民族的姓氏。

也有的姓氏出自偶然，颇有奇趣。如有的给最后出生的儿子命氏为“尾生氏”；周穆王因宠姬早卒，哀痛不已，改称其族为“痛氏”；春秋时晋大夫赵衰待人热诚，如冬日之温暖，遂被称为“冬日氏”；汉代有个人因不知自己的姓氏，干脆以“姓”为姓，称为“姓氏”……

由于中国姓氏形色繁杂，异彩纷呈，稀奇怪僻的姓氏很多，明代以来，就出现了专收此类姓氏的专著，如明代的《希姓录》、《奇姓通》，清代的《希姓补》等。另外《清稗类钞》一书中，也集有清代稀有姓氏1348个。

读音特殊罕见姓　音义相近细辨析

中国作为一个历史悠久、幅员辽阔、民族众多的泱泱大国，其姓氏文化的发展、演变，也必然留有历史的印迹和浓郁的地方特色及民族风俗，致使部分汉字，在作为姓氏的场合，形成特殊的读音。这种“姓氏异读”的产生，一是由于古音、今音的差别，二是方言、声调的不同，三是民族习俗的遗存。我们在称呼他人姓氏时，必须搞清正确的读音，否则会引起误会，甚至闹出笑话。

为方便广大读者区分识别，掌握使用，现列举如下：

表一　读音完全不同的姓氏

姓氏	应读	不读
秘	Bì　（音闭）	“秘书”的 mì
薄	Bó　（音博）	“厚薄”的 báo
种	Chóng　（音崇）	“种地”的 zhòng
褚	Chǔ　（音楚）	“褚丝”的 zhǔ
啜	Chuài　（音踹）	“啜茶”的 chuò

（续表）

姓氏	应读	不读
句	Gōu （音钩）	“句子”的 jù
莞	Guān （音官）	“莞尔”的 wǎn
炔	Guì （音桂）	“乙炔”的 quē
藉	Jí （音及）	“凭藉”的 jiè
圈	Juàn （音倦）	“圈套”的 quān
角	Jué （音决）	“角落”的 jiǎo
阚	Kàn （音看）	“喊”hǎn
陆	Lù （音路）	“六”liù
缪	Miào （音庙）	“绸缪”的 móu
佴	Nài （音耐）	佴（èr）：古代一种割耳朵的酷刑
兒	Ní （音尼）	“儿童”的 ér
乜	Niè （音聂）	“乜斜”的 miē
区	Ou （音欧）	“区分”的 qū
朴	Piáo （音瓢）	“朴素”的 pǔ
繁	Pó （音婆）	“繁荣”的 fán
仇	Qiú （音求）	“仇恨”的 chóu
单	Shàn （音善）	“单独”的 dān
折	Shé （音舌）	“挫折”的 zhé
盛	Shèng （音胜）	“盛饭”的 chéng
宿	Sù （音素）	“星宿”的 xiù
洗	Xiǎn （音显）	“洗脸”的 xǐ
解	Xiè （音谢）	“解放”的 jiě
员	Yùn （音运）	“成员”的 yuán
笮	Zé （音泽）	“笮桥”的 zuó
曾	Zēng （音增）	“曾经”的 céng
查	Zhā （音渣）	“检查”的 chá
翟	Zhái （音宅）	“墨翟”的 dí
祭	Zhài （音寨）	“祭坛”的 jì

表二　声韵相同而声调不同的姓氏

姓　氏	应　读	不　读
葛	Gě	"葛藤"的 gé
过	Guō	"过去"的 guò
哈	Hǎ	"笑哈哈"的 hā
华	Huà	"华丽"的 huá
纪	Jǐ	"纪律"的 jì
监	Jiàn	"监督"的 jiān
俱	Jū	"俱乐部"的 jù
那	Nā	"那里"的 nà
宁	Níng	"宁可"的 nìng
舍	Shè	"舍弃"的 shě
曲	Qū	"曲艺"的 qǔ
阙	Què	"阙如"的 quē
任	Rén	"任务"的 rèn
燕	Yān	"燕子"的 yàn
要	Yāo	"需要"的 yào
於	Yū	"於是"的 yú
应	Yīng	"应付"的 yìng
訾	Zī	"訾议"的 zǐ

表三　古今读音不同的姓氏

姓　氏	古　音	今　音
阿	ā	Ē
蛾	é	Yǐ　（同蚁）
费	Fèi	Bì
宓	Mì	Fú　（同伏）
那	Nā	Nuó
尉	Wèi	Yù
叶	Yè	Shè

表四　双音双姓的姓氏

姓　氏	古　音	今　音
贲	读 Bēn　（音奔）	读 Féi（音肥）
盖	读 Gài　（音概）	读 Gě（音葛）
隗	读 Kuí　（音奎）	读 Wěi（音伟）
召	读 Shào（音绍）	读 Zhào（音兆，傣族姓）
覃	读 Tán　（音谈）	读 Qín（音秦，壮族姓）
镡	读 Tán　（音谈）	读 Chán（音蝉）
郇	读 Xún　（音荀）	读 Huán（音环）
乐	读 Yuè　（音乐的乐）	读 Lè（快乐的乐）

此外，还有几个复姓的读音很特殊：

“单于”应读 Chányú（音禅于），“万俟”应读 Mòqí（音墨其）。

“澹台”应读 Tántái（音坛台），“尉迟”应读 Yùchí（音遇迟），“长孙”应读 Zhǎngsūn（音掌孙），“宰父”应读 Zǎifǔ（音宰甫），“羊角”应读 Yángjué（音羊决），“中行”应读 Zhōngháng（音仲杭）。

鉴于上述各姓氏的特殊读音，因而我们在日常生活和社交场合中，须多加留意，不可自以为是，错读误认，以免失礼尴尬。

第三章

海纳千流无涯岸 民族交融汇大川

——姓氏的“胡汉互化”及民族特色

中国是一个统一的多民族国家，由56个兄弟民族组成。其中汉族人口最多，约占全国人口总数的94%。其他55个少数民族的人口数量多少不等，相差很大。各兄弟民族在缔造统一的多民族国家的历史进程中，不断地发展经济上的联系和文化上的交流，不同的政治制度彼此影响，繁多的姓氏制度互相渗透。在我国55个少数民族中，姓氏制度完备的约有40个民族，有名无姓的有十几个。少数民族所占人口比例虽然不大，仅6%左右，但拥有的古今姓氏却十分繁多。在我国历史上先后出现的12000多姓氏中，有2000个左右来自少数民族，占中华姓氏的1/6，是构成中华姓氏的重要组成部分，使中华姓氏蕴涵了浓厚的民族特色。民族交融，“胡汉互化”，是中华姓氏发展中不可或缺的重要环节，也是中华姓氏兼容并包，多元一体化的精髓所在。

夷夏交融促进化　多元一体大中华

“夷夏交融，胡汉互化”是中华姓氏发展、演变的历史轨迹，也是中华姓氏的一大特色。历史上每一次民族交融，都促进了中国社会历史发展的进程，也极大地丰富了中华姓氏的内涵。先秦时代中国人自称华夏族，这里的“中国”二字是狭义的地域概念，专指中原地区，中原周边的地区被称为“四夷”，即“东夷、北狄、南蛮、西戎”。中原华夏族与“夷、蛮、戎、狄”四族构成了以地域方位、民族特征划分的五大民族集团。但据文献记载，夷、蛮、戎、狄均为炎黄二帝后裔，同是炎黄子孙。“汉族”这个名称是汉朝以后才产生的叫法，它特指使用汉语，具有共同地域，共同文化传统、风俗习惯的民族，是中华民族中人口最多、分布最广的一支。今天的汉族实际上已在数千年历史的发展进程中融入了先秦五大民族集团的成分。汉族姓氏文化发展的过程，也是我国历史上各民族不断融合的历史。

夷夏姓氏交融的第一个重要阶段是殷周时期，特别是春秋战国之际的几百年内，凡接受了华夏文明的各族，大体上融合为“华夏族”。于是蛮、夷、戎、狄的许多姓氏，也逐步加入华夏姓氏，使华夏姓氏得到了第一次的扩充和发展。其中尤为重要的是南方的楚、苗姓氏和西北的戎、狄姓氏。

周朝立国之初，分封诸侯，周成王封苗人酋长的后裔熊绎于荆地（今湖北省南漳县西荆山一带）。熊绎属芈姓，自称为黄帝有熊氏后裔。其子孙不断扩张，立国号为楚。春秋时期楚国兼并了 45 个小国，国力日益强盛。到战国时，其疆域北接中原（黄河中游），东抵大海，南邻百越，西有巴蜀，为战国七雄之一。楚人自称“蛮夷之邦”，以本土巫文化为基础，后接受中原文化，融合产生了独特的“楚文化”。楚国的公族有昭、屈、景三氏，庶族则有熊、鄂、罗、龚、督、申等。而巴郡蛮酋有罗、朴、督、鄂、度、夕、袭七姓，巴南则有盘、冉、元、巴、李、田六姓，自称出自盘瓠（盘古氏），为颛顼高阳帝公主与神犬盘瓠衍生的后代。

西戎族则以姜姓为首，为传说中炎帝的后裔，与羌族有血缘关系，西部的秦国为嬴姓，也为华夏族与戎族交融的姓族。秦穆公时兼并了 12 个戎国，拓地千里，成为西戎霸主。

与此同时，地处华北的晋国也融合了北部的戎狄之邦，兼并20余国。散居于山东和苏北以及辽东等地的莱夷、风夷、黄夷、兰夷、白夷、赤夷、林方、人方、盂方等数十个夷族部落和方国，也逐步为齐、鲁等国所兼并，融入华夏族集团。

经过春秋战国时期社会的激烈动荡和诸侯兼并，西戎、北狄、东夷、南蛮的众多“夷狄大姓”多融入华夏姓氏。

夷夏姓氏交融的第二个重要阶段，是西晋末年到隋唐的“五胡十六国”及南北朝时期。“五胡”是指匈奴、鲜卑、羯、氐、羌五个北方的民族。

匈奴亦称“胡人”。据《史记·匈奴列传》云：“匈奴，其先祖夏后之苗裔也。”也即古代文献中所称之“鬼方”、“昆夷”、“猃狁”、“犬戎”，与华夏族有近亲关系。

汉代匈奴分裂为南、北两部，南下归附汉朝的称南匈奴，留居漠北的称为北匈奴。南匈奴逐渐南移，东汉末年进入今山西、陕西及辽宁、河套一带。入塞匈奴因汉初和亲政策，刘姓公主下嫁匈奴，胡人从母姓刘氏，此外尚有呼延、卜、兰、乔四支贵族姓氏。

羯族一向依附匈奴，为入塞匈奴中之羌梁部，散居于上党郡一带，与汉人杂处，改用汉姓。如建立后赵之石勒即是羯人。

氐族自称为盘古后裔，上古时代就与殷商有交往。魏晋南北朝时居于武都郡及甘、凉一带，后逐渐入关与汉人杂处，改用汉姓。

羌族又称西戎，西周时就有羌姓之戎与姬姓之戎，与华夏族有较近的血缘关系，散居于凉州（今宁夏、甘肃一带）各地，较早采用了汉姓，如后秦国的姚苌即是。

东胡鲜卑族世居辽东、辽西及塞外，东汉桓帝时始建立国家。魏晋之际，其诸部中的宇文氏、慕容氏、拓跋氏相继兴起，并渐次迁入内地与汉人杂居。

在“五胡乱华”的135年中，五胡统治者先后在华北及巴蜀建立了16个割据政权，史称“五胡十六国”。

公元386年，鲜卑拓跋氏建立北魏政权，公元439年统一北方。传至北魏孝文帝拓跋宏时，因深受汉文化的影响，大力推行汉化政策。首先，将都城由鲜卑族聚居的平城（今山西大同）迁到汉文化发达的洛阳，同时废胡服，禁胡语，定汉语为国语，鼓励鲜卑人与汉族通婚。在短短30年中，近百万鲜卑人基本上实现了汉化。作为汉化的根本措施之一，就是实行"胡姓汉化"。太和二十年（公元496年），孝文帝颁布了《姓族令》，下令各部落的鲜卑复姓改为音、义相近的汉字单姓，并从鲜卑"十大国姓"开始推行。首先是皇族拓跋氏改为元姓，皇族近支及贵族九姓也相应汉化，如普卤氏改为周氏，达奚氏改为奚氏，贺兰氏改为贺氏，叱罗氏改为罗氏，柯拔氏改为柯氏，丘穆陵氏改为穆氏，步云孤氏改为陆氏，去斤氏改为艾氏，乙旃氏改为叔孙氏，拔拔氏改为长孙氏。据《魏书·官氏志》所载，鲜卑族144个姓氏除少数保留复姓外，基本上都改为汉姓，并绝大多数收入后世流传的《百家姓》中，经过这次大的民族交融，隋唐两代的许多重要政治、文化及军事人物都具有了鲜卑或其他兄弟民族的血统。

唐代民族交融及"胡姓汉化"主要是西域诸国（今新疆及中亚地区）及南诏国（今云南一带）等地，主要有西域"昭武九姓"、"突厥十姓"、"铁勒九姓"、"回鹘九姓"、"高车十二姓"，以及"巴蛮七姓"、"南诏六姓"先后改用汉姓。

"昭武九姓"中的"昭武"二字是指秦汉之际河西祁连山一带的地名，又称昭武城，在今甘肃省高台县境内。当时有一个史称"月氏（音'肉支'）"的古代民族以游牧为生，因不断受到匈奴的攻击，大部分人往西迁徙到新疆伊犁河流域，以至中亚阿姆河以北地区（今属乌兹别克）。在这片水草丰茂的土地上，先后建立了大大小小数十个城邦政权，为表示不忘故土，都用"昭武"为姓。所谓"九姓"是表示数量众多之意，并非专指九个姓氏。到唐朝初年，因突厥势力不断强大，深受突厥奴役的"昭武九姓"又一次大规模迁徙内附，成为唐王朝属国并按照“以国为氏”的取姓原则，先后建立了“康、安、曹、石、米、何、史、火炟、戍地”九个国家，即“昭武九姓”。他们先居河西走廊，进而继续内迁，直至完全同化为汉族的一部分。

至于“突厥十姓”、“铁勒九姓”、“高车十二姓”等部落，是长期生活在今新疆北部及蒙古、贝加尔湖、咸海一带的古代民族，早在汉代时就与内地发生密切交往，到隋唐时大多汉化。如“突厥十姓”中的第六姓鼠尼施氏，又称白山氏，即汉化为白氏，唐代大诗人白居易其高祖白健即为白山氏，曾在鲜卑族政权中任尚书、侍中、中书令，其兄弟白敏中在唐懿宗时也曾任中书令（即宰相）之职。他并不讳言自己的胡人家世，曾做诗云：“十姓胡中第六胡，也曾金阙掌洪炉。少年从事夸门第，莫向樽前气色粗”。同一时期拜相的还有毕诚、曹确、罗邵等人，都是少数民族后裔，故时人称：“近日中书尽是蕃人。”

这些“胡姓汉化”的少数民族，在历史长河中，经过多年的民族交融，已经汉化，从血缘传承、生活习俗、姓氏称谓上很难看出民族特征。但也有一些少数民族在胡姓汉化、复姓或多字姓改为汉姓时，用字奇僻，至今仍然体现出民族特色。如江苏溧阳、安徽、河北等地，至今分布着一些偰姓家族，因其姓氏稀见，不仅日常生活中常被人读错、写错，就连当地公安部门在登记户籍时，有时也发生混淆，而且也难以区分其民族归属。原籍安徽、现住南京的一位偰德斌先生就为此深感烦忧，曾来信向笔者所在的山西省社会科学院家谱研究中心求证。经查，这支偰姓出自突厥的回鹘部，其先本高车人，唐时为回纥人，元时称畏吾儿（维吾尔），是“突厥十姓”之一。唐朝中叶，突厥苾加（毗伽）可汗任用暾欲谷为相，实行了一些改革措施，受到各部拥戴，与唐王朝关系也有所改善。公元745年，突厥发生内乱，回鹘首领骨力裴罗夺取汗位，暾欲谷子孙归附回鹘，世袭回鹘相位。因其祖上世居偰辇河（即鄂尔浑河）

畔，遂仿效汉族文化，以地为氏，称偰氏。历经唐末五代、宋辽金元，这支偰氏族人长盛不衰，成为久负盛名的名门大族，尤以江苏溧阳的偰列虎家族最为著名。其家族兄弟五人均进士及第，人称“偰氏五虎”。及至明代，不少偰姓族人改奉伊斯兰教。在当今偰姓族人有的属汉族，有的称回族，也有的是维吾尔族，但追根溯源，均为突厥后裔，堪称是民族交融、“胡姓汉化”的范例。

两宋以及辽、金、元、明、清各代，仍以“胡姓汉化”为基本特征，是姓氏交融的第三阶段。

首先是信奉伊斯兰教的回族在宋元之际逐步形成。回族信徒通称“穆斯林”，除用阿拉伯文念诵《古兰经》外，日常都用汉语，使用汉字姓氏。回族常见的汉姓大体可分为三类：一是借用通常的汉字姓氏，如张、王、李、赵、刘、杨、周、曹等；二是以伊斯兰教的谱系为基础而改写的汉字单姓，如：拜、撒、汾、定、虎、里、沐、敏、纳、萨、赛、妥、脱、喜、鲜、衣、玉等；三是取自阿拉伯语的伊斯兰人名，借用发音相近的汉字为姓氏，如白、丁、古、洪、兰、马、穆、麻、满、宛等，其中马、穆二姓，据说即是借用“穆罕默德”的汉译字而来。

也有一部分回族人士在与汉民族交往过程中深受熏陶，仰慕汉族名人，改为汉姓。如北宋年间，西北地区有一支归附宋朝的回鹘后裔，因仰慕包拯的为人，遂上书朝廷，改为包姓。

回姓汉化中还有另一种情况，尤为值得注意，即回族“双语制和双名制”的习俗。回族在按照本民族的风俗习惯和宗教信仰选取姓名或经名、教名同时，往往要另取一个汉族姓氏和名字，以便与汉族沟通或在各种社交场合使用。特别是在明代初年，由于对元朝的异民族统治的仇视心理和对蒙古人、色目人（包括回回）等元朝残余势力心存疑忌，明太祖朱元璋推行了一系列民族歧视的同化政策，明令禁止使用“胡姓”、“胡语”。据《明律·蒙古人色目人婚姻》条目中规定：“凡蒙古人、色目人可与中国人为婚姻，不许本类

（本民族）自相嫁娶。违者，杖八十，男女入宫为奴。”并公然宣称：“嫁娶有禁者，恐其种类日滋也。”在此高压政策下，有色目人、蒙古人血统的后代子孙，特别是有一定功名、职位的大小官员，往往被迫采用“双语、双名”的方式，避免祸端。此种情况在民间留存的族谱、家乘中时有遗迹可寻。如笔者所见的《山东日照法氏》族谱即是其例。在法氏留存的老谱残本中，其始祖名法都喇，似为回族姓名，其法氏的一些生活习俗和祖训中也都有许多不同于汉民族的规定。但在后续的谱本中则记为法若真，并称其为三国时蜀国名臣法正后裔，但无传承世系可以为凭。然而从法若真和法都喇二人的祖籍所在、生平履历和职官、事迹来看应是一人。法氏族人对此大惑不解，无法判定其始祖应是何族、何名。后经笔者多方查证，始搞清法都喇与法若真实是一人二名，前者是伊斯兰教名，后者是社交场合中的官名，山东日照法氏实际上是回族血统。为免受歧视和政治迫害，遂以汉族姓氏传世。为保持其宗教信仰和生活习俗，又以祖训、族规形式，将其载入族谱。

兼容并蓄满庭芳　炎黄子孙聚一堂

中国幅员辽阔，人口众多，是一个多民族融合的大家庭。除汉族之外，目前55个少数兄弟民族中，姓氏制度较为完备的，即有名、有姓的民族约40个，如回族、壮族、满族、土家族、朝鲜族等；有名无姓的少数民族有十几个；还有一部分民族采用连名制形式，如彝族等。

我国少数民族的姓氏，一般出现时间较晚，随意性较大，形式繁多，内容丰富，为世界各国所少有，具有浓郁的地域特点和民族特色。

现将部分少数民族姓氏特色略述如下：

1. 满族

满语称姓氏为“哈拉”，是标志血缘关系的称号。据史书所载，早在北魏时期（也有的认为是隋唐之际）满族就有了自己的姓氏。据清代《皇朝通志》所载，满族的“哈拉”（姓）有679个。“哈拉”的名称最初都是以满语命名，是多音节的名称，如满族皇室姓爱新觉罗，贵族大姓有瓜尔佳、钮钴禄、舒穆禄、纳兰、董鄂、马佳等。其姓氏来源，一是以居地为氏，即以所居地名、山名、水名为氏。如居董鄂河者，即为董鄂氏。其余如修佳氏、富察氏等，均以住地为氏。二是以部落为氏，如爱新觉罗、瓜尔佳等。三是以动植物等图腾崇拜物为氏。如尼玛哈氏（鱼）、萨克达氏（野猪）、依喇氏（黍）等。四是沿袭辽、金、元时期的旧族大姓，其中金代旧姓27个，辽代旧姓1个，元代旧姓7个。五是以父祖之名第一音节汉字为姓。如舒穆禄氏有名万鲜丰者，其子孙以“万”为姓；喜塔拉氏有名文忠额者，其子孙以“文”为姓。故有满族人“一辈一个姓”之说。清朝灭亡后，满姓大多数改为汉族姓。其改姓方式，一是由复姓改为单姓，如佟佳氏改为佟氏，董鄂氏改为董氏；二是意译为汉姓，如阿古占，满文为雷之意，即改为雷姓；倭赫，意为石头，即改为石姓。

2. 蒙古族

蒙古族十分重视自己的家世和族源，蒙古族姓氏文化源远流长，极富民族特色。据《多桑蒙古史》等史籍记载，早在两千多年前蒙古族人就生活在辽阔的蒙古草原，大部分蒙古人都能讲清自己的出身部族和家世渊源。

蒙古族姓氏最初出现于贵族阶层，用以显示自己的祖先的功业、部落血统的高贵和社会地位。嗣后因受汉族影响，有的改为单姓。从蒙古族现在通用姓氏中，可以看出蒙古族姓氏有以下几大特色：

元太祖成吉思汗夫妇

一是以部族为姓。如博尔济吉特氏是成吉思汗的后裔，后演变为包氏；永谢部落演变为云氏；巴雅特部以巴为姓；乌梁海部以乌（吴）为姓，喀尔喀部以韩（河）为姓；土尔扈特部以陶为姓；哈勒努特部以郝为姓。

二是以父祖之名的首字为姓。如元代将领沙全，因其父名沙的，便以沙为姓；现代蒙古诗人巴布林贝赫，因其父为巴达玛宁布，便以巴为姓。现在仍有相当一部分蒙古人以这种方法取姓。

三是以汉字谐音取姓，如伯颜首字“伯”与“白”谐音，其后人便以白为姓。再如“敏罕”在蒙古文中意为“千”，以汉字谐“钱”为姓；乌古纳蒙意为“羊”，便以汉字谐音“杨”为姓。

四是以母姓为氏。如蒙古族中刘姓，即源于汉代公主（刘氏）下嫁单于，而后代便有以刘为姓者。

五是受汉族影响，取用汉姓。如张、王、李、陈等，即是其例。这种现象在受汉化较深的文人、官吏中更为普遍。

3. 回族

回族人马姓最多，此外还有沙、喇、哈等姓氏。回族姓源多来自古回族人姓氏之汉语音译，有浓厚的宗教色彩。如马姓，即因为回族人多信奉伊斯兰教，明、清时的著述多将伊斯兰教创始人穆罕默德的“穆”译为“马”，加之明太祖朱元璋赐波斯人马沙亦里为“马”姓，故回族中马姓最多。

其次，回族往往用古伊斯兰教圣人或父辈名字中的某一音节作为姓氏。如：以、白、来、金四姓，即来自古回人“易卜拉欣”四个字的音译；纳、速、喇、丁四姓，即是回人名字“纳速喇丁”的音译。

再次，部分回族姓氏来自帝王赐姓，如：沐氏、达氏、郑氏，均为明王朝赐姓。如下西洋之郑和，原名马三宝，故民间有“三宝太监下西洋”的种种传说。

由于回族取姓时，多采用谐音或相近的汉字，因此产生了一批奇僻姓氏，如：忽、闪、拉、剌、哈、撒、麻、达、朵、虎、者、也等。上述这些姓氏，在发展过程中，有的已被同音的汉姓所代替。如速姓变为苏姓，合姓变为何姓，忽姓变为霍姓等。

4. 藏族

藏族人姓氏起源较早，公元前一二世纪，西藏山南地区一些部族已经形成并发展起来。藏族人最初姓氏即起源于氏族部落，此后渐有变化。有的以封地为姓，有的以家族房名为氏，但一般都是贵族才有姓氏。

文成公主

最常见的藏族姓源有以下六种：

（1）神猴的后裔

藏族地区广泛流传着一则神话：有一神猴与岩魔女结为夫妻，

生下6个小猴，进化为人类，成为藏族最早的6个氏族，其名称为色氏、木氏、董氏、东氏、惹氏、朱氏（柱氏），形成所谓“原人六姓”。这6个氏族又发展为18个氏族。

（2）天神的家族

相传藏族首领聂赤赞普是天神之子下降人间，制定了礼仪，区分了尊卑，由他传下了第一个王族。这个天神的家族称做“代”。发展为父系6族，即：洛氏、聂氏、琼氏、努氏、色氏、保氏。到松赞干布时，又有秦氏、卓氏、如雍氏、纳南氏、才崩氏、觉如氏等其他家族出现，成为与王族结亲的姻亲氏族。

（3）“可怕”的家族

据传说，西藏古代有一位道法高深、威力很大的密宗法师叫琼保·较塞，他游历四方，遍谒圣地，为人降魔除邪，免祸消灾。恶魔对他十分害怕，一见他就发出“米拉、米拉”的哀号。“米拉”在藏语中词意是“可怕”。后人赞誉琼保·较塞的功德，称其家族为“米拉氏”，即“可怕”的家族。

（4）“仇生”家族

13世纪时，西藏有位大学者贡呷坚赞，据说是天神后裔，因与仇敌罗刹交战，俘获其妇而生了孩子，取名“昆巴解”。“昆巴”是仇根的意思，“解”是生的意思，即“仇生”或“仇妇生”之意。其家族便称昆氏，以炫耀其族系之高贵和祖先之威猛。

（5）以房为氏

藏族大多数家庭都有房名，世代相传，房名即成为姓氏。如韦氏、谷米氏、雪康氏、华秀氏，即为房名演变而成的姓氏。

（6）以封地庄园为氏

近代以来，西藏农奴主贵族的传统姓氏日渐衰微，而以封地庄园命名的姓氏日渐增多。如十三世达赖喇嘛出生于平民家庭，被确认为转世灵童，当了达赖喇嘛后，其父被封为公爵，赏赐许多庄园。其中郎敦—奚谷卡是他家原住的庄园。人们便以此庄园称呼这新的显贵家庭。于是他家的人名前都冠以“郎敦”二字。

5. 傣族

古傣族人原本无姓，只有一个“刀”姓，系明王朝赐给当时西双版纳傣族最高统治者的姓。因此，刀姓在解放前一直仅在贵族阶层使用。解放后，一些无姓傣人亦喜欢在名前冠以刀姓。近年因汉傣通婚，子女从汉人父母姓，于是出现了张、王、李、周等大量汉姓。

6. 瑶族

据神话传说瑶族为神犬盘瓠与评皇公主的后代。据《汉书·南蛮西南夷传》所载，帝喾高辛氏时，犬戎犯边，其主帅吴将军骁勇善战，无人能敌。帝喾即出榜招贤，曰：“天下有能得吴将军头者，赏黄金千镒，邑万家，又妻以少女。”时帝畜有一犬，其毛五彩斑斓，名曰盘瓠，遂离宫出走，三日后衔吴将军头而回。于是帝之少女评皇公主即与盘瓠婚配，生有六男六女，自相婚配，繁衍为瑶族。帝喾各赐一姓，是为“盘瑶十二姓”，即盘、沈、包、房、李、邓、周、赵、胡、唐、雷、冯。

7. 景颇族

景颇族称“姓”为“波桑”，含有类、种、姓的意义。景颇族历史上同种、同类之人，也即同姓之人，均有血缘关系，不得通婚。至今仍严格遵守这种“同姓不婚”的制度。在历史上，景颇族实行“普那路亚式”的族外婚制度，即甲族一群女子与乙族一群男子互为夫妻的族外群婚。现今景颇族实行的单向姑舅表婚姻，即是这一族外婚的遗迹。姓氏在景颇族中起着“姓别婚姻”的功能，因而景颇族姓氏与家族历史密切相关。

景颇族姓氏中有大姓与小姓之分。大姓共 26 个，均为氏族社会部族或家族标志。其中木日（彭、李）、恩昆（岳），勒托（董、徐）、木然（尚、杨）、勒排（排）5大姓，是世袭山官的子孙，称为5大官姓。由26个大姓衍生出300多个小姓。景颇族称小姓为“亭郭明”，即户名。由户名再发展为姓氏（即小家族的名字）。大姓和小姓常常连用，小姓在前，大姓在后，由同一大姓分出的两个小姓可以通婚。

景颇族的姓氏，主要来源于七个方面：(1) 来源于官位、职业；(2) 来源于出生或居住的地名；(3) 来源于动物名称；(4) 来源于植物名称；(5) 来源于生活用具和建筑材料；(6) 来源于食物或事物名称；(7) 来源于某种动物行为。

景颇族这种姓氏起源，与汉族姓氏起源十分类似，与图腾崇拜有关。而大姓、小姓之分及其社会功能，与汉族早期的“姓”、“氏”之分，和“姓别婚姻”、“氏明贵贱”有惊人相似之处，可以从中看出中华民族姓氏发展的基本规律。

8. 土家族

土家族姓氏起源，也与汉族有许多共同之处。其主要来源一是以部落或部族名称为姓（冉姓即远古部落名称）。二是源于图腾崇拜。如李姓，因土家族以虎为图腾，土家族先民巴人称虎为“廩君”，“廩君之后能化为虎”，《风俗通》中说：“虎本南郡中卢李氏公所化”，故土家族中“李姓”，为虎的图腾。此外，土家族姓氏来源中尚有源于祖先姓名、源于居住地等多种起源。

9. 壮族

壮族是我国少数民族中人口最多的民族，据第四次全国人口普查统计，已有人口15489630人，约占全国总人口的1.33%。

在壮语里，将姓称做“栏”，即房屋的意思。表明壮族“姓”的本义是指生活在同一间大房屋里同一血缘人群的共同称号。

壮族早期的先民没有姓氏，是古代“百越”的一个分支。秦末自立为“南越武王”的赵佗，虽然已有赵姓，但他是由河北真定迁入壮区的中原人士。另据多种姓氏辞典对“韦姓”的解释，有一支韦姓出自韩姓，是汉代功臣韩信被杀后，萧何暗中将其子孙送往南粤（今广西、广东一带）。韩信子孙为避祸，以韩字半边“韦”字为姓。这是秦汉时期中原人士迁居壮区的又一例证，说明壮族与汉族交往由来已久。最早见于文献记载的壮族姓氏是《新唐书》中的“南蛮”：“西原蛮（即壮族古代称谓），居广容之南，邕桂之西。有宁氏者，相承为豪；又有黄氏，居黄橙洞……天宝初，黄氏疆（强），与韦氏、周氏、侬氏相唇齿。”可见当时已有了黄氏、宁氏、周氏、吴氏、侬氏等大姓。习惯上把这些大姓聚族而居的区域，以“洞”命名，分别称做“黄洞”、“侬洞”、“吴洞”等，反映了这些姓氏与氏族部落组织的密切关系。

关于壮族姓氏的来源，有以下几种：

（1）集会赐姓。据壮族民间传说，其先民原来没有姓氏，各部落首领在一个叫江岩的地方集会，商定姓氏。因主持人势力强大，被推为首领，以“黄”（皇帝）为姓。其余养黄牛的，就以“莫”（黄牛）为姓；会猎鸟的以“陆”（鸟）为姓。大家都因有了姓而高兴。但当时为大家杀牛做饭之人，却因未得姓而发怒，以刀拍击砧板愤愤不平。主持人见状，灵机一动，就以“岑”（砧板）予他为姓。

（2）以居地为姓。壮族部分姓氏与居住的地理环境有密切关系。如农姓，汉语是指农耕种植，而壮语却是森林或树木浓密的意思，即指住在森林里的人；甘姓，汉语是甜的意思，壮语却是岩洞的意思；谭姓，汉语中是谈的意思，壮语却是指水塘，意指住在水边的人们。

（3）以职业技艺为姓。前述“莫”，汉语中是“无”、“不”的意思，而壮语中却指黄牛，意为养牛人。蓝姓，汉语中指颜色，壮语中却指用竹或藤编织的篮子，可知其祖先擅长于篮筐编织。巫姓，可能是与为人驱邪祈祷的巫术有关。

（4）以原始的图腾崇拜为姓。壮族先民与其他民族一样，也曾经历过原始的氏族社会，故而部分姓氏由原始的图腾崇拜发展而来。如龙姓，即源于对古代蛟龙（鳄鱼）的崇拜；麻姓，在壮语中是狗的意思，源于对狗图腾的敬仰。狗在古代壮族中有很崇高的地位，可能与西南各族传说中的神犬盘瓠有关。此外如陆姓，壮语中为鸟，与鸟的崇拜相关。

（5）受外族特别是吴越和汉族影响。据史书记载，早在春秋战国之际，壮族统属于“百越”，秦汉时期，就有汉族移民迁居壮族地区。如前述南越王赵佗，即因战乱入居壮族地区。汉族移民必然会对壮族姓氏文化产生一定影响，现今壮族中的部分汉姓，即是汉族文化影响的结果。这里需要注意的是，从表面上看，有些壮族姓氏与汉姓相同，但从读音和词义上考察，却有很大差别。如前述莫姓（黄牛）、陆姓（鸟）、麻姓（狗）、黄姓（皇帝）等，即是范例。

至于辽、金、元、清四大民族姓氏，均曾在不同历史时期立国称帝，高居统治地位，其民族的传统文化和姓氏特色更为显著，影响更为深远，其汉化程度也更为深刻。由于一向被奉为姓氏学经典的郑樵《通志·氏族略》成书于宋代，无法涉及其后的辽、金、元、清四大姓氏系统，因而辽姓、金姓、元姓、清姓四大姓氏系统的研究，就成为近代姓氏学研究的一个重要领域。

辽姓族人，据称为炎帝后裔，魏晋南北朝时号鲜卑，曾建立北魏王朝。隋唐之际称为契丹，散居于代北、甘凉及辽东一带。其君主酋长称“达里呼氏”，其余贵族大姓有舒噜氏、耶律氏、萧氏、李氏等十余个姓氏。其中西夏国主李恒，先世为“于弥氏”，唐末赐姓为李。耶律氏则立国大辽。因其仰慕刘汉王朝的威仪，自认是汉代公主下嫁匈奴的后裔，是汉朝刘姓外甥，故耶律氏兼称刘氏。其母族萧氏本为舒噜氏，因仰慕汉代名相萧何而改为萧氏。

金姓族人，隋代称靺鞨氏，据渤海称王，姓“大氏”。后为契丹所灭，有族人避居高丽完颜部，改姓完颜氏，宋代统称之为女真族。女真族建立政权，国号为金，其贵族著姓有完颜氏、钮钴禄氏等十余个姓氏。其后又演化为满族，于公元1616年建立后金。公元1636年入关，成为清朝统治集团。

元姓族人，其先世与回鹘、突厥有较近的血缘关系，隋唐时期称为“蒙兀室韦”。唐代中叶逐渐与居住于蒙古高原的突厥人相融，成为蒙古族的祖先。由于民风强悍，且以游牧为生，各部落之间兼并激烈。蒙古部首领铁木真善于用兵和团结部众，先后击败了其他部族，统一了蒙古诸部，建立了蒙古国，号称“成吉思汗”，其所辖的漠南、漠北统称为蒙古地区，其部众称为蒙古人。公元1271年成吉思汗之孙忽必烈改蒙古国号为元。公元1279年忽必烈灭南宋，统一全国，建立元朝，基本上奠定当代中国统一的多民族国家的版图。元姓著名姓氏有伊喇氏、扎拉尔氏、奇氏、伊奇哩氏、鄂尔和达氏等十余个。

清姓族人的姓氏，习惯上称之为满姓，满洲语称之为“哈拉”，其姓源与金代女真一脉相承。如金代的“古里甲氏”就是满洲的“瓜尔佳氏”，汉化为关、白、石等姓；金代的“纥石烈氏”为满洲的“赫舍里氏”，汉化为“高、康、卢”等姓；金代的“浦杳氏”为满洲的“富察氏”，汉化为富、傅、李等姓；而金代的“完颜氏”因系王室之姓，到清代时仍称“完颜氏”，汉化为王、汪等姓。

在辽、金、元、清四大族姓中，以清姓所含姓氏为最多。据《八旗通志·八旗满洲谱系》所载，满洲“哈拉”（即姓氏）共达600多个，其中新满洲姓氏139个。满洲姓氏中最著名的有八大姓氏，即爱新觉罗、董（董佳氏）、关（瓜尔佳氏），马（马佳氏）、索（索绰多）、祈（齐佳氏）、富（富察氏）、郎（钮祜禄氏）等八大姓。

清代从康熙、雍正年间之后，逐步改用汉语，接受汉族文化，八旗子弟往往改用汉姓。但在相当长的一段时间里，上层贵族不愿放弃原有复音姓氏，并称之为“满洲老姓”。如清代皇族的“爱新觉罗氏”一直延续270多年，直到辛亥革命后，才改用汉姓；但所用姓氏，或借用家族谱中的字辈排行（如溥、毓、恒、启）或使用原名中的“首字小姓”，类似古代的“以名为氏”、“以字为氏”的做法。

此外，延边的朝鲜族，南方的苗族，台湾的高山族及其他少数民族也在不同的历史时期先后使用了汉字姓，其中朝鲜族所用407个姓氏，早在15世纪时已经汉化。

以上各少数民族所用的汉化姓氏，绝大多数已收入流传至今的《百家姓》中，成为中华姓氏中不可分离的组成部分。由此可以看出，姓氏文化的发展历史，是中华民族大融合、大团结的历史，是中华民族传统文化中所共有的文化瑰宝。

第四章

自古风云多变幻
树大根深枝叶繁

——姓氏的迁徙流布及支派繁衍

迁徙流布，支派繁衍，是中华姓氏发展演变的重要途径，也是寻觅姓氏渊源和发展脉络的基本线索。中国幅员辽阔，民族众多，早在远古时期就有“炎黄集团”、“东夷集团”、“苗蛮集团”等不同的姓氏集团分布于中华大地。在数千年的历史长河中，由于生活环境的变化、自身发展的需求，以及官方的强制措施、改朝换代的战乱影响和做官出仕、留守戍边、避仇谋生等种种原因，大的姓氏集团不断分化、繁衍，不同姓氏的家族不断流播迁徙。特别是一些权势显赫、人口众多的高门望族，根深叶茂，枝叶遍布，落地生根，分支衍派，既推动了社会经济文化交流，也促进了家族自身的发展。

江山易主寻常事　百姓流迁无已时

改朝换代，江山易姓，封建割据，军阀混战，是中国历史上屡见不鲜的社会现象。由此引发的战争浩劫，往往使广大民众流离失所，背井离乡；而新一代的统治者，为巩固统治地位，医治战争创伤，往往采取强制性的大规模移民。因而改朝换代，江山易主往往成为姓氏迁移的主要动因。如秦灭六国之后的“山东迁虏”、西晋末年的“永嘉之乱”、唐末的“安史之乱”和宋室南渡，都是造成大规模移民的社会根源。

山东迁虏　旧族失序

中国历史上的封建王朝，都是建立在“宗君合一，家国同构”的宗法制度之上，是家族统治的最高模式，因而改朝换代，就是不同姓氏的家族兴衰更替、流播迁徙的契机。如秦、汉大一统的社会变更，就造成了我国历史上第一次大规模的姓氏迁徙。

战国时期，七雄并立，割据争霸。秦孝公任用商鞅，变法图强，国力日益强盛。始皇时连年用兵，侵吞六国，俘获了大量的六国臣民。因而秦灭巴蜀之后，设立蜀郡，移民万户入蜀垦殖，其中相当一部分为山东（崤山、函谷关以东）六国被俘臣民，史称“山东迁虏”。及至秦始皇扫平六国，统一宇内，为充实关中一带的经济实力，削弱六国贵族的反叛势力，将六国旧族大姓、天下富豪12万户徙置咸阳，以便就近监控，同时将全国划分36郡（后增至40余郡），设官治理。从根本上废除了“胙土命氏”，封邦建国的制度，使六国旧族失去了赖以东山再起的基础。

在秦末大起义中，六国旧族乘势而起，以复国为号召，拥兵割据。汉高祖刘邦以一介布衣小吏，扫灭群雄，统一天下。鉴于六国旧族死灰复燃的先例，接受娄敬的建议，徙齐、楚旧族大姓田氏、昭氏、景氏、屈氏、怀氏五姓及韩、赵、魏、燕的强宗豪族于关中地区，其中齐国的田氏，被迁至关中、房陵一带，并按照迁徙的次序，被编为“第一、第二至第八氏”。直至今天仍有“第五”的姓氏，即是这次迁民的历史见证。景帝、武帝、昭帝、宣帝也多次迁徙六国之民开边戍守，移民总数达725000余口，移民之地多为“戎狄蛮夷”杂处的定襄、云中、五原、朔方、代郡、北地、上郡、陇西及云阳、会稽诸郡，进一步削弱、分散了六国旧族的反叛势力，巩固了中央集权的封建统治。这也是后来大批“以国为氏”、“以邑为氏”、“以乡为氏”的家族，其得姓发祥祖地，往往与姓氏郡望不一致的原因之一。

如赵氏，其得姓渊源是因始祖造父被封赵城（今属山西），并以姓立国。但秦汉以后，赵姓郡望却是天水（今属甘肃）。再如田氏，原为齐国旧族，因始祖陈完受封于田而得姓，数世之后，取代姜姓统治齐国。秦汉之后田姓郡望却是京兆、雁门、平凉、北平。又如屈、景、昭三姓，本是楚国三大贵族，但后世屈姓郡望为临海（今属浙江）、河南（今属河南），景姓郡望为平阳、晋阳（均属山西）、冯翊（今属陕西），昭姓郡望无从查考，失去大姓资格。这种发祥祖地与郡望不符的现象，在其他姓氏中也屡见不鲜，在“以地为氏”的姓氏中表现得尤为突出，明白无误地显示出姓氏迁徙是一个普遍规律。

衣冠南渡　入闽开漳

纵观历代姓氏迁徙的规律，可以发现姓氏迁徙有两大特征：

一是以河南、河北、山西、山东、陕西等中原地带向四周辐射，反映了姓氏起源多在中原地带。有关资料表明，仅河南起源的姓氏就占中华姓氏的2/5，源于陕西的有50多姓，源于山西的有100多姓。

二是历代大规模的姓氏迁徙和总的趋势，是由北向南。究其原因，有地理环境和历史原因。中原地区开发较南方早，经济文化较为发达，人口相对稠密；遭逢战乱，北方地区少数民族不断南下中原，造成了北方士族大举迁徙。

士族南迁，历代均有，但规模较大、人数较多、持续时间较长、对后世影响较大的几次南迁，一在西晋末年，二在唐末五代，三在宋室南渡。

西晋末年的“永嘉之乱”，导致了司马氏政权的分崩离析，匈奴、鲜卑、羌、氐、羯等少数民族入据中原，战乱不已，史称“五胡乱华”。北方的士族豪门纷纷渡江南迁，“中州士女避乱江左者十之六七。”这次战乱引发的大规模迁徙，也形成了中国姓氏发展史的独特现象，即“侨姓”的出现。北方士族南迁之后，为表示自己出身的高贵，在使用姓氏时，往往标以原有的郡望，以示侨居南方之意，如“琅玡王氏”、“陈郡谢氏”、“汝南袁氏”、“兰陵萧氏”、“河东温氏”等，并以此为荣，高居江东诸姓之上。

在“永嘉之乱”中渡江南迁的士族，有的远徙到福建岭南。史称“衣冠南渡，八姓入闽”。实际上此次入闽士族不止八姓，从现存族谱资料看，西晋时入闽的姓氏有：林、黄、蔡、郑、吴、张、邱、詹、罗、杨、梁、翁、方、卓、温、钟、巫等20余姓。

由于福建地处岭南，三面环山，一面临海，社会环境相对稳定，因而成为士族南迁较为集中的地区。

唐高宗总章二年（公元669年），派玉钤卫左郎将陈政及其子陈元光率军入闽，开发漳州，部属随之入闽定居者达58姓（一说45姓）。其后子孙繁衍，开宗立派，落地生根。陈元光被尊为开漳圣王，陈氏成为闽、台一带最大姓氏，林、董、张、蔡也蔚然成为大族。

唐天宝十四年（公元665年），“安史之乱”爆发，历时八年之久。嗣后，藩镇割据，王室衰微，终于导致了大规模的黄巢起义。中原一带战乱不已，民不聊生，中原士族再度大举南迁，分别迁居于江浙、湖广、云南、闽粤等地。

如河南固始人王潮、王审知兄弟，率寿（州）、光（州）之民，渡江南下，转战于江浙、湖广地区。唐光启元年（公元885年）进入闽南，占领福建全境，公元907年唐朝灭亡，王审知被后梁太祖朱晃册封为闽王。其子王延钧于公元933年正式称帝，改国号为闽，成为割据一方的地方政权。其子孙后裔繁衍日盛，成为中华王姓中一大支派——“开闽王氏”。

随同王氏入闽的将士部属，尚有陈、王、李、张、吴、蔡、郑、杨、曾、周、郭、谢、苏、何、廖、沈、施、卢、孙、傅、马、薛等27姓，且以河南固始人居多。这些入闽将士，无一不以福建统治者自居。王氏政权亦因其开创之功和乡梓情谊，对固始人特别优待。其他姓氏在修撰族谱时，有的就把入闽的时间扯到唐末五代，将祖籍故地与固始强行联系。

王审知

西晋“永嘉之乱”后八百年左右，而有宋代的“靖康之难”。公元1126年金兵大举南下，攻陷汴梁，虏获徽、钦二帝皇室宗亲及朝廷重臣1200余人。宋室被迫南迁，建都临安（今浙江杭州），史称南宋。中原人士再次大举南迁。其规模之大，人数之多，超过以前各次南迁。其迁徙之地以江浙为主，也有相当一部分进入闽粤地区。至今宁波一带名门大族，多自称为“汴京遗宗”，而福建宁化石壁，先后迁徙的姓氏达100多个。南宋名臣诸将，其祖籍也多在北方，如抗金名将韩世忠系延安人氏，“精忠报国”的岳飞则祖籍汤阴(属河南)。

神州何处无佳域　落地生根绽新枝

中华民族向来有“同财共居，数世同堂”的历史传统，往往一个高门大姓、强宗望族，田连阡陌，人丁逾千，尤其是位高权重的帝王之家、公侯将相，更是宗支庞大，子孙众多。

封藩建邦　枝开叶散

封藩建邦，广布宗支，是中国历代王朝维护政权、控制臣民、壮大家族、繁衍宗族常用的重要手段和施政方略。如西周初年，从武王灭商，周公辅政到成王继位，数十年间不断地分封诸侯，“胙土命氏”，使周王室的宗支衍派、姻亲贵戚，以及元勋重臣的子孙后裔遍布全国，形成了一个拱卫周王室的庞大网络，也是中国历史上姓氏繁衍最多、迁徙流布最广的历史时期。此后的刘汉帝国、李唐王朝，也无一不是借助封藩、就国，扩大宗族势力，维护家族统治。所以刘、李二姓的郡望达数十个之多。即使在朱明王朝，明太祖朱元璋的凤子龙孙，也都以封藩、出镇之名，遍布全国各省和军事重镇，甚至一省中就有多个藩王就封。这些就封的藩王子孙自然而然也就迁徙分布到全国各地。

强宗大族　析族迁徙

历代统治者，在封藩建邦，广布宗支维护自身统治地位的同时，对一些能左右地方政权，威胁到政权稳固的强宗大族，强制迁徙，以便管理。其中较为典型的事例，就是江州义门陈氏的析族迁徙。

据家谱资料载称，江州陈氏系南朝陈武帝陈霸先后裔。陈被隋文帝所灭后，其后裔隐居江西德安县太平乡常乐里永清村，以孝治家，聚族而居，历隋、唐、五代，到宋仁宗时，历时 230 多年，19 代同炊共居，人口达 3700 余口，田庄 300 多处，产业遍布 16 个州郡，100 余县。

在标榜以孝治天下的封建社会中，江州陈氏曾受到历代统治者的褒奖，誉为“义门陈氏”。然而这样一个过于庞大的家族势力，也必然引起当局的猜忌。宋仁宗嘉祐七年（公元 1062 年），江南西路转运使谢景初奉旨临门，强行监护义门陈氏分析迁徙，依其字辈排行，分房支系，分析为大小 291 庄，分迁各府州县。其中江南 110 庄，两直隶州及闽、浙、湖广 90 庄，楚地 90 庄。经此次分居迁徙，义门陈氏子孙被分散到全国 125 个州县之中。元末明初，迁居于湖北沔阳的义门陈氏族人陈友谅起兵反元，建都江州，自称汉王，并与明太祖朱元璋进行激烈的帝位之争。陈友谅兵败之后，陈氏又被当局第二次强令迁徙。致使义门陈氏后裔遍布各地。中国近现代历史上的一些著名人物，如中共创始人陈独秀，民国四大家族的代表人物陈立夫、陈果夫，中华人民共和国开国元勋和著名将领陈云、陈毅、陈赓等，均是江州义门陈氏分析迁徙到各地支派的后裔。

留戍守边　定居异地

历代王朝或割据政权，为维护统治，保卫边防，往往调用大批军士、民众，留戍边防或移民屯垦。像秦代留戍长城、岭南，移民巴蜀；汉代留戍西域，监控匈奴；唐代入闽开漳，宣抚南诏；明代镇守云南，驻戍辽东，都有大批将士军卒长期驻守边地，有的举家随军，有的在当地娶妻生子，世代相传，留居异域。如明代沐英，奉旨南征，带兵入滇，世袭王爵，成为云南豪门大族。腾冲齐青李氏也是随沐英入滇，世居其地，成为大族。

尤为特殊的是，历代帝王修筑皇陵，常征调大批士卒民夫，作为“陵户”，久而久之，家族繁衍，渐成乡邑。如汉高祖曾迁六国后裔及富豪之家于长陵，汉武帝徙郡国豪富及资产200万以上名门大族于茂陵，汉昭帝募兵、徙民于云陵。此外，唐代之乾陵、明代之孝陵，清之东陵，都招募迁徙不同数量的士卒、民众，戍守陵寝，这些被迁徙或招募的军士、百姓，往往世守其职，聚族而居，是中国姓氏迁徙史上的一大特色。

报本思源怀故地　明清移民八祖庭

中国历代移民和姓氏迁徙，大都发生于社会激烈动荡的历史时期，因而呈现出时间相对集中、数量相当巨大、流向较为明确、地域相对固定等明显特征。尤其是明清以来，由于版图扩大、幅员增加，以及战争频繁等多种原因，政府多次组织大规模官方移民，形成了八大著名的移民出发地和集散点，成为海内外炎黄子孙寻根问祖、报本溯源的朝宗圣地。

山西洪洞大槐树

“问我祖先来何处，山西洪洞大槐树”。这一广为传诵的民间俗语，极其生动形象地反映了山西洪洞大槐树在我国移民史上的重要地位和炎黄子孙对洪洞大槐树的眷恋之情。

据史、志、族谱等文献记载和众多的专家学者调查考证，洪洞大槐树移民，始于金初天辅年间（公元1117～1123年），延至清代乾隆时期（公元1736～1795年），历经金、元、明、清四个朝代，时间跨度达600余年。移民次数在20次以上，有确凿文献记载的即有18次。其中以明朝洪武年间移民次数最多（10次），规模最大，移民量达80万以上。移民姓氏达800多个，涉及汉、满、蒙、回四大民族，几乎涵盖了北方常见的姓氏。

洪洞大槐树移民，多为官方组织的强制性移民。每次移民都发给川资、路引，并在安置地根据人口，发给土地、种子、耕牛、农具，免除3～5年的钱、粮、税收，是历代移民中最为成功的范例。

洪洞大槐树移民处

洪洞大槐树移民，多来自太原、平阳、泽、潞、辽、沁及汾州、代州等府州各县。移民流向主要是山东、河南、河北、北京、安徽、江苏、陕西、甘肃、宁夏、内蒙古等地，而后辗转迁徙，播向神州大地，移民分布达18个省（市）、500多个县份。洪洞大槐树是中国历史上移民次数最多、规模最大、辐射地域最广、涉及姓氏最多、影响最为深远的移民点之一，也是炎黄子孙最为眷恋的寻根问祖的朝宗圣地。

苏州阊门

苏州阊门是苏北民众心目中的移民圣地。据史籍、方志和族谱记载，苏州阊门移民集中于元末明初，当时群雄并起，割据称王，张士诚据苏州与朱元璋争衡天下。及张士诚兵败被俘，朱元璋“驱逐苏民实淮阳二州”。苏州阊门遂成了移民的出发、集散之地。于是扬州、洪都、泰州、淮安、泗阳、高邮、宝应、盐城、阜宁、东海以至于连云港等地，都有了苏州阊门移民的后裔。如宝应县之刘氏、乔氏、王氏，兴化市之顾氏、张氏、朱氏、周氏、姚氏、杨氏，泰和县之葛氏、徐氏等，即是此次移民后裔。大名鼎鼎的《水浒传》作者施耐庵、“扬州八怪”之一的郑板桥等文人名士，其祖籍均来自苏州。

江西瓦屑坝

江西瓦屑坝也是明初移民集散地之一，是当今安徽安庆一带众多姓氏所公认的始迁祖籍。元朝末年，群雄并起，烽火连天，地处南北要冲的安庆府即成为群雄逐鹿的必争之地。徐寿辉、陈友谅、朱元璋你来我往，征伐攻杀，致使安庆一带战乱不已，屡次易帜，人口锐减、土地荒芜。相形之下，江西饶州之鄱阳、万年、乐平、景德镇则较少受战乱波及，人口稠密。明政府为鼓励人们向人口稀少的地区移民，制定了一系列奖励政策。饶州贫民纷纷北迁安庆所属各县，形成一股移民浪潮。

此次移民，虽然史无明文记载，但在方志族谱中却有大量资料足以证明。安庆市图书馆藏36种族谱中，迁自瓦屑坝和鄱阳县的姓氏即达18个，迁自饶州和江西的达26个，占安庆姓氏的72%以上。因此，安庆民众多把江西瓦屑坝视作自己的始迁祖地。由于历史的变迁，江西瓦屑坝的确切地址已难以确考。据移民史专家葛剑雄等调查考证，今江西鄱阳县之瓦燮岭即为当年瓦屑坝故地。

湖北麻城孝感乡

"湖广填四川"是流传于四川民间认祖寻根的俗语，意即四川民众来源于湖广。"湖广"一词为明代"湖广布政使司（即行省）"的简称，大致相当于今湖南、湖北两省行政区域。但元末明初迁入四川的移民多来自湖广北部，即今湖北。

元末之际，湖广一带是反元义军徐寿辉、彭莹玉等红巾军活动的主要区域。元至正十七年（公元1357年）徐寿辉部将随州人明玉珍率部西征，相继攻占重庆、成都。至正二十年徐寿辉为陈友谅所杀，明玉珍遂据蜀称王，国号为夏。明玉珍所部多为湖北人士，徐寿辉被杀后，其旧部多入川投明氏政权。明氏政权在四川轻徭薄赋，保境安民，又吸引了大批湖北民众入川。

及至朱元璋攻灭陈友谅之后，纵兵烧杀，四川更成为湖北百姓避难的乐土。明洪武四年（公元1371年），明将汤和、傅友德率兵入蜀，攻灭明氏政权，并多次移民入川，大批湖北人相继入川，遍布四川各地。

明清之际，四川再次遭受战乱，人口锐减。于是又有大批移民陆续入川。其中大部分来自湖广，形成了"湖广填四川"的基本格局。由于湖北麻城孝感为移民入川的集散之地，故四川民众多把麻城孝感视作寻根问祖的朝宗圣地。

湖北麻城孝感究竟在于何处，相当于今天的哪一个县市、乡镇？这是历史学界、地理学界和谱牒学界多年来争论不休的一大疑点。

因为早在元朝，孝感县、麻城县就同时存在，前者属德安府，后者属黄州府，从来没有统属关系。笔者接触到的一些川籍人士多次到孝感县（今改为市）寻根问祖，均不得要领。而今日麻城市又无孝感乡（镇）的建制。直到1991年，参与中国移民史研究的李懋军先生在深入四川、湖北等地进行实地考察，查阅地方文献时才发现，当年的移民集散地“麻城孝感乡”在今麻城市的邻县红安县（原黄安县）城关镇一带。原来明初麻城县辖有四乡：太平、仙居、亭川、孝感。明成化八年（公元1471年）因户口减少，孝感乡被划入新设的黄安县，其地相当于今红安县城关镇一带。至此，这段历史疑案，经李懋军先生的实地考证，才有了结论，也为众多寻根问祖的川籍人士提供了可靠的线索。

山东枣林庄

山东枣林庄是中国移民史专家葛剑雄、曹树基先生近年来实地考察中新发现的明初移民集散地之一，在今山东兖州县城北七里之遥的安邱王府庄。据明代石碑记载，该村原名枣林庄，明鲁王裔孙安邱王分封于此，始称安邱王府庄。

该村位于兖州东部丘陵山区，地处兖州府城郊，正当济南各州县南下的交通要道。元末明初，未受战乱波及，人口较为稠密，具备了集中移民的基本要素。虽然在官方文献中未曾发现有关移民的记述，但在安徽濉溪县志中却发现了在明洪武年间和清初由山东迁民本县的记载，并标明占本县人口80%以上的“周、吴、郑、王、李、丁、梁七姓”均为山东移民。笔者近年来在从事姓氏、族谱研究中，也曾多次收到辽宁、吉林等地民众的咨询电、函，称其祖籍原系山东枣林庄，清初移民充实边疆，迁居关外，要求帮助查证山东枣林庄确切位置和迁徙史实。这也可作为山东枣林庄为明清移民点的旁证。

广东南雄珠玑巷

广东南雄珠玑巷是宋元时期北方移民迁徙岭南的集散之地，是珠江三角洲众多姓氏念念不忘的发祥祖地。在众多的族谱资料和民间传说中，都大同小异地反映了南雄珠玑巷移民的历史事实。

广东南雄珠玑巷

据说，珠玑巷原为北宋京城开封府的一条巷名。当宋室南渡时，南迁臣民落足南雄之后，为表达对故都的怀念，将自己的聚居之地取名珠玑巷。这是效法东晋以来，偏安江南的历代王朝侨置郡县的传统做法。

当然，珠玑巷作为幅员有限的弹丸之地，不可能会有大量人口以供迁移，但其地处南下岭南的交通要塞，自然而然会成为岭南移民最为眷恋、印象最深的集散之地。据曾昭璇、鲁宪珊两位先生对家谱、方志等有关资料的统计和实地考察，列出珠玑巷移民家族多达797支。因而珠玑巷也就成为无数岭南人精神上的故乡，成为维系他们桑梓之情、宗族之谊的根之所在。

福建宁化石壁村

宁化石壁，原名玉屏，也名石碧，由22个自然村组成。它位于武夷山脉东麓、福建省西隅，北连江、浙，南接粤、桂，四周山环水绕，中间是开阔的平原盆地，物产富饶，环境幽雅，堪称世外桃源，是历代南迁士民避乱求生、繁衍栖息的理想之地。早在秦汉之际，就有中原士民避乱迁徙于此。此后，在西晋“永嘉之乱”、唐末五代、宋室南渡及明清之际，每当中原动荡，社会巨变之时，都有一批又一批的大量移民涌入石壁，繁衍栖息，并由此而分迁闽南、闽西、粤东、台湾，及湘、桂、川、黔等地。据史、志和族谱记载，在长达两千年的封建社会中，先后曾有106个姓氏在此生存栖息，并由此播向东南沿海，繁衍海外。

福建宁化石壁村

由于宁化石壁独特的地理位置，在社会历史激烈变动的唐末五代，各割据势力均鞭长莫及，成为较为安定的世外桃源，集聚了众多的北方移民。据史书统计，宁化在唐末人口仅1万余人，到南宋时已达11万之多，其中土著仅5000余人。由于高山的阻隔和战乱频繁中断了与中原的联系，在封闭的世界里，他们以自己所拥有的传统文化、语言、习俗，与当地土著的民风习俗混合在一起，渐渐产生出一种新的、独特的既有中原古文化的遗风、又有区别和创新的文化，即“客家文化”。同时也形成了客家民系，并随着子孙后裔的播迁繁衍，撒向各地。而客家各姓氏族谱记载姓氏源流时，大多把从宁化石壁外迁的第一代祖先尊为家族始祖。因而福建宁化石壁被誉为客家文化的摇篮，客家民系的朝宗圣地。

河北小兴州

河北小兴州是明初洪武、永乐年间官方组织移民的又一集散地。洪武初年，大将徐达攻克元大都北京，元顺帝北遁，元朝灭亡。元朝残余势力虽然退居漠北，但仍有相当的军事实力，对明王朝北边构成很大的威胁。为此，洪武初年到洪武末年，在长城以外，东起辽东，中经山西北部，西至内蒙古西部，东西两千余里，南北数百里的广大地区，屯兵卫戍。同时，为恢复和发展北平地区因战乱遭受破坏的社会经济，多次从燕山以北广大地区（俗称山后）向北平附近移民。

及至永乐皇帝登基，为进一步巩固、发展北平地区社会经济，确保京城安全，先后抽调长城以北27个卫所的将士约15万人，在北京附近屯边戍守。同时，多次组织大规模的强制性移民，安置于良乡、顺义、平谷、大兴、宛平、通州、蓟县、宝坻、香河、遵化、卢龙、武清、丰润、清苑、容城、新城、安国、徐水、任丘、涞水、霸州、定兴等地区，移民总数达十万之多，涉及张、王、李、刘、梁、孙、崔、邓、杜、魏、邢、徐等十多个姓氏。

据《元史·地理志》所载："兴州……金初为兴化军，隶北京，后为兴州，元中统三年隶上都路，领县二：兴安、宜兴。"明初为防御漠北元朝势力南侵，在兴州建立了左、右、中、前、后五个卫所，屯兵戍守。使元代的兴安小县发展成为人口密集的军事重镇，但当地民众习惯上仍以"小兴州"称之。

由于小兴州是长城古北口外的第一重镇，位于辽东、内蒙古南下北京的交通要冲，因而也就成为历次移民的集散中心。由于年久日深，历次移民后裔，难以确知其祖上原籍所在，往往把先祖迁徙的集散之地视作先人故籍祖地。因而在河北、山东、东北一带现存的众多族谱家乘中，追溯其家世渊源时，多称其"先世自小兴州，徙至××地"。久而久之，小兴州成为河北、内蒙古、山东、东北等地众多姓氏寻根问祖的朝宗圣地。

上述八大移民祖地，北起关外的小兴州，南到广东的珠玑巷，东起山东枣林庄，西至湖北孝感乡，基本上概括了清代以前汉族活动的主要区域，反映了姓氏迁徙的大致脉络，是不同地域的家族姓氏寻根溯源的重要依据，也是海内外炎黄子孙朝宗谒祖的人文景点。

第五章

姓分等级标郡望 族有堂号铭祖德

——姓氏的郡望、堂号及其文化内涵

“郡望”和“堂号”，是姓氏文化中的重要内涵，是表明姓氏的地域分布、文化特色的重要标志，是区分同一姓氏不同地域和识别亲疏的主要依据，也是寻根问祖、追源溯流的基本线索。在较为正规的族谱中，往往在姓氏前面冠以“郡望”（地望），在姓氏之后标明“堂号”，使人一看便知该姓氏的起源发祥、支派族属的基本脉络。因而“郡望”、“堂号”是研究姓氏文化，查证家世渊源必备的基本常识。

历代豪门称郡望　庶民百姓也时尚

“郡望”一词，是“郡”与“望”的合称。郡是行政区划，“望”是名门望族，“郡望”连用，即表示某一地域范围内的名门大族。“郡望”一词是血缘姓氏与地域分布紧密结合、交互作用的产物，是“胙土命氏”、“氏明贵贱”的文化传承，是秦汉以后区分姓氏等级、门第高低的重要标志。

姓分等级　族标郡望

姓氏有等级之分、地域之别，源于夏、商、周三代的封邦建国、

“胙土命氏”，以西周初年最为典型。在周初的大分封中，将诸侯各国分为同姓、异姓、庶姓三种，并根据其血缘亲疏、功勋大小授予“公、侯、伯、子、男”五等爵位。凡与周天子同为姬姓的诸侯各国，称为同姓之国，如鲁、晋、郑、卫、吴、燕、蔡、霍，是为本族同宗；凡与周王室世代通婚的，称异姓之国，如申、吕、齐、谢，是为姻亲贵戚；与周王室没有宗支、姻亲关系的则是庶姓之国，如秦、楚、巴、蜀。这三种封国，在封爵、土地、赏赐、礼仪上各有亲疏远近、高低贵贱之分。

秦汉以来，“氏明贵贱”的社会功能失去了社会基础，一度减弱。但区分姓氏贵贱的传统意识，仍然根深蒂固，到魏晋时期的门阀制度又达到了登峰造极的地步。

秦汉以后，随着家族的繁衍迁徙，姓氏原有的以血缘论亲疏的文化内涵逐渐淡化，而以家族“地望”明贵贱的内涵成了姓氏文化最为突出的特点。“地望”，即姓氏古籍中常用的“郡望”，指魏晋南北朝至隋唐时每郡显贵的家族，意思是世居某郡为当地仰望，并以此而别于其他的同姓族人。历代的姓氏书中，其中有一类是以论“地望”为主，如唐代柳芳的《氏族论》和南朝刘孝标的《世说新语》。历代《百家姓》读本，也往往在每个姓氏前面注明了“郡望”。

“郡”是由春秋战国到秦汉逐渐形成的地方行政区划。春秋时，秦、晋、楚等国在边地设县，含有“悬系”之意，后逐渐在内地推行。春秋末年以后，各国开始在边地设郡，委派官员进行管理，以区别于世袭分封的侯国、封邑，面积较县为大。战国时在郡下设县，逐渐形成县统于郡的两级行政区划制。秦统一中国后，分全国为36郡，后增加到40多郡，郡下设县。郡、县长官均由中央政府任免，成为专制主义中央集权政权组织的一个部分。汉至隋唐继承了秦代的郡县制，但是具体的郡县划分有所不同。隋唐时代，往往州、郡的名称能相互代用，但大多数时期称“州”不称“郡”。到了宋代，

"郡"的行政区划已经作废。

但"郡望"作为专指某些地域内某一名门望族的习惯用语，却保留下来，并与门阀制度紧密相连，在封建社会相当长的历史阶段中沿用不衰。

所谓"门阀"一词，是门第、阀阅的合称。《史记·功臣表》说:"人臣有功五品，明其等曰阀，积月曰阅"，也就是说"阀"表示功劳的大小、品级，阅表示资历和年限。为显示自己家族不同于普通人家，便在大门外竖立两根高大的门柱，供人观望，称之为"阀"。门前有"阀"表示家有功名，乃仕宦之家，故称"门阀"，亦称"门望"，这就是门阀的本义和来历。有时官方尚作明确规定，宣称某姓为望族大姓，甚至具体划分姓族等级，确定门阀序列，各姓权益地位不等，这就是门阀制度。

门阀制度始于西汉。在秦末农民大起义中，夺得政权的汉高祖刘邦及其谋士萧何均出身于平民小吏，开国功臣樊哙、灌夫多为市井屠户、无赖。即使后来立国称帝，身居将相高位，仍被人讥为"世无英雄，遂使竖子成名。"为弥补这一缺憾，显示门第血缘高贵，刘氏皇族引经据典，称其为帝尧之后，血统高贵，天生应称王做帝。刘姓宗室子弟均贵为王侯，刘姓被称为国姓，凡刘姓之人可免除一切徭役，享受"六百石"的中级官员待遇。同时对于帮助刘氏取得天下的项伯、娄敬等四人，赐以国姓，改为刘氏。萧何、韩信、曹参、樊哙也都从远古姓氏中找到了足以自豪的发祥渊源和得姓之祖，以光耀门庭。西汉末年，王莽篡位，建立新朝，亦制造舆论，说元城王氏出于帝舜，他也是天生注定要当皇帝的，并用法律手段公开宣称他们的王姓，是天下最高的望族大姓。

东汉时期，门第等级观念已十分盛行，门阀制度初步形成。如东汉永平年间樊、郭、阴、马四姓外戚相继专权，声势显赫，被称为"永平四姓"。一些官宦、名流的宗族亲属往往高官厚禄，数世不衰，弘农华阴杨氏四世四人官至三公；汝南汝阳袁氏四世五人位至三公；汝南平舆许氏三世三人官居三公等，皆成为当时令人称羡的高门望族。他们在社会上的势力和声望累代延续，各以门第自诩，互相标榜，组合成一种具有特殊身份、享有特殊权利的社会集团。魏晋南北朝时，这些世家大族被称为“大姓”、“高门”、“士族”、“著姓”、“冠族”、“右族”。高门望族的子孙即便迁徙外地，习惯上仍举原籍或始祖发祥地的郡名作为标志，后世称之为“郡望”。

由于某一姓氏的姓源或发祥、聚集、变迁之地非止一处，于是一姓常常不止一个“郡望”，但通常以其中一个“郡望”为主，以区别主从及尊卑。如赵姓有天水、南阳、金城、下邳四望，以天水赵最为尊荣。李氏有陇西、赵郡等十余个“郡望”，以陇西李最为显贵。而王姓由于姓源支脉繁多，分布广泛，“郡望”多达二十四望，其中以太原王、琅玡王最为著称。这样“郡望”成为区别宗支派系、亲疏、尊卑的一种重要标志，后世有关姓氏研究的著述，均把“郡望”列为主要内容，详加考辨。

弘农杨氏开派之祖——杨震

在门阀制度盛行的魏晋南北朝时期，与高门望族相比，门第较低、家世不显的家族则被称为“寒门”、“庶族”。他们即使有一定的土地、财产，其成员也有入仕的机会，但总的来说，他们在政治生活中倍受压抑，其社会地位也无法与门阀士族相比。当时用以铨叙官吏的“九品中正制”正是这种门阀制度的集中表现。

所谓“九品中正制”是汉献帝延康元年（公元220年），新登基的魏王曹丕，为改革吏治、延揽人才，采纳吏部尚书陈群的建议而设立的新的官吏选拔制度。其主要内容是在各州、郡设置“中正官”，负责考察州郡人士的门阀家世、才行品德，采纳乡里舆论，将人才分为上上、上中、上下、中上、中中、中下、下上、下中、下下九个等级进行推选，每10万人中选拔出一人，由吏部任用官吏。

“九品中正制”初行时，评定之权基本掌握在声望较高、有一定德才的中正官手中，尚能采择舆论，荐拔人才。但是，以家族为基础而盘踞于地方的门阀士族，很快就垄断了荐举权，其结果便是只论门阀家世，不论才行品德。出身于名门望族的“衣冠子弟”，即使无才无德，总被列为上品优先入仕，得授清贵之职；而出身孤寒的庶族子弟，即使才德超群，也被列为下品，即使入仕，也只可就任士族所不屑的卑微之职，以致形成了“上品无寒门，下品无士族”的局面。

门阀士族不仅各自控制地方权力，同时还左右朝政。国家法令又明文规定士族有荫族、袭爵、免役等多种特权。士、庶之间有严格的区别，所谓“士庶之别，国之章也”。士族自视甚高，不与庶族通婚。如有士族与庶族通婚，或就任一般由庶族人所担任的官职，称为“婚宦失类”，是十分耻辱的事，会因此而受到排挤和嘲讽。

西晋灭亡后，北方不少豪门大族跟随晋元帝司马睿逃到江南，虽侨居异地，仍然打出了“琅玡王氏”、“陈郡谢氏”、“汝南袁氏”、“扶风杜氏”、“河东温氏”等原来的郡望名号。史称“侨姓大族”。这些侨姓贵族自西晋以来，就是中原的高门显贵，晋室南渡后，也一直是东晋、南朝政权的支柱和基石，其中最著名的是“王、谢、袁、萧”四大贵姓。在同一姓氏中，也因“郡望”不同，而有高下之别。如王氏，最高贵的是琅玡王氏，有“王与马（司马氏）共天下”的称誉。其次是清河王氏，河间王氏。而居住在建康乌衣巷的“乌衣王氏”（琅玡王氏支派）尤为尊贵，被称为“万王之王”。东晋、南朝时，江东尚有朱、张、顾、陆四大望族，因居处古代吴越之地，被称为“四大吴姓”。但因政权掌握在侨姓手中，因而一直未取得与王、谢等高门大族的同等社会地位。“侨姓”与“吴姓”两大姓氏集团共同执掌南朝政权达200余年。

与东晋、南朝隔江对峙的北朝历代政权，对门阀制度更是推而广之，在北魏时达到了登峰造极的地步。魏、晋之际，鲜卑贵族崛起北方，建立后魏政权即史称北魏，实行了一系列汉化政策。魏献文帝拓跋弘时，仿效汉族制度，对本部族姓氏进行改革，七分国人，设置诸部大人，以兄、弟族属分而统之，赐姓命氏，称为鲜卑十姓。

到魏孝文帝更是大力推行汉化政策。北魏太和二十年（公元496年），朝廷颁布了“姓族令”，将鲜卑二字姓、三字姓、多字姓改为汉族单姓，增加了不少新的姓氏，使用“姓”、“族”两个称谓，确定其等级高下、门阀序列，使“姓”与“族”这两个意义相关相近的概念，有了严密而具体的界定。

“姓”的标准有二：一是原鲜卑各部落首领，有三世官在给事以上及州刺史、镇大将及品登王公者；二是虽非部落首领，但系魏始祖拓跋诘汾以来的“从龙功臣”，其“职官三世尚书以上，及品登王公而中间不降官绪者亦为姓”。其中鲜卑贵族中的穆（丘穆陵氏）、贺（贺赖氏）、刘（独孤氏）、楼（贺楼氏）、于（勿纽于氏）、嵇（纥稽氏）、尉（尉迟氏）为“八大国姓”（含拓跋氏），最为尊贵，为第一等士族。并明令“司州、吏部，勿充猥官”，即上述八姓不得委派闲杂官职，均应任用为清要贵官。

“族”的标准也有两条：

一是各部落首领的后裔，自魏始祖以来，虽然“官不及前列，而有三世为中散、监以上，外为太守、子都、品登子、男者”；二是非部落首领后裔，但自魏始祖以来，“三世有令以上，外为副将、子都、太守，品登侯以上者，亦为族。”均应充任重要官职，享有多种特权。

对于汉民族，以郡为单位，每郡选定做官人数较多、官位最高的姓氏，称为“郡姓”，即州、郡的望族大姓，即后世“郡望”一词的来历。其中最尊贵的有清河崔氏、范阳卢氏、荥阳郑氏、太原王氏、陇西李氏。

在上述鲜卑国姓与汉族郡姓中，又按家世门第区分等级，以别贵贱、尊卑。柳芳在其《氏族论》中对此有过明确论述：在南北朝时，“过江则为侨姓”，王、谢、袁、萧为大；东南则为“吴姓”，朱、张、顾、陆为大；山东（指函谷关、崤山以东的中原地区）则为“郡姓”，王、崔、卢、李、郑为大，关中亦为“郡姓”，韦、裴、柳、薛、杨、杜首之；代北则为“虏姓”，元、长孙、宇文、于、陆、源、窦首之。以上“侨姓、吴姓、郡姓、虏姓”合称“四姓”，“举秀才，州主簿、郡功曹，非四姓不选。”

即使在上述“四姓”中，也因门第阀阅而有等级高下之分：凡三世有位居三公者为“膏粱”，有令、仆（射）者为“华腴”，有尚书、领、护以上者为“甲姓”，有九卿若方伯者为“乙姓”，有散骑常侍，太中大夫者为“丙姓”，有吏部正副郎者为“丁姓”。

在这种社会风气的影响下，南北朝时，维护、推行门阀制度，载录门第、区别族系的谱牒之学因而十分盛行。在南朝刘孝标所注的《世说新语》中，引证的家谱、家传达数十种之多。这种别贵贱、分士庶的门阀制度，不仅在魏晋南北朝时十分流行，而且影响深远，成为维护封建社会等级制度的准则习俗。宋代郑樵在《通志·氏族略》中对此有一段十分精辟的论述：“隋唐而上，官有簿状，家有谱系。官之选举必由簿状，家之婚姻必由谱系。历代并有图谱局，置郎中吏掌之，乃用博古通今之儒，知撰谱事”，以便使“贵有常尊，贱有等威”。

在门阀制度下，姓氏直接影响着一个人的社会地位、婚姻大事，以至前途命运，甚至连日常交往、场面座次亦有区别。西晋文学家左思在《咏史》诗中曾对这种不合理现象做了尖锐的批评，诗曰：

"郁郁涧底松，离离山上苗。以彼径寸茎，荫此百尺条。世胄蹑高位，英俊沈下僚。地势使之然，由来非一朝。金、张藉旧业，七叶珥汉貂。冯公岂不伟，白首不见招。"诗中"金、张"指西汉宣帝时的权贵金日磾和张安世，他们的后代凭着祖先的功业，七代为汉室高官。而奇伟多才的冯唐（即诗中之"冯公"）却因出身寒微，竟终生屈于人下，不能展露其才华。

隋唐时期实行开科取士，任官取士不完全讲究出身，门阀制度逐渐衰退，世家大族失去了政治特权，却产生了一批新的宗室亲贵和功臣元勋，成为社会政治中新的豪门大族。但是魏晋以来的一些拥有高贵"郡望"的世家旧族，虽已"世代衰微，全无冠盖"，但"犹恃其旧地，好自矜大"，不肯自掉身份，甚至把"郡望"看得比官位还重，认为："立身在世，姓望为先，若不知之，岂为人子。"民间也"慕其祖宗，竞结婚媾，不计官品，而上（尚）阀阅"。对这种只重"郡望"，不重功业，崇尚门阀，鄙视权要的遗风旧俗，李唐王朝的新兴权贵十分不满，于是在贞观十二年（公元 638 年），敕令吏部尚书高士廉等撰修新的《氏族志》，予以修正。《氏族志》修成后，共收录 293 姓，651 家，仍沿用魏晋南北朝旧例，以山东博陵崔氏为第一，皇族陇西李氏为第二。唐太宗对此十分不满，斥责高士廉等人因循守旧，无视天下大局的现实，不重视李唐王朝封爵等级，让他进行修改，标准是"只取今日官爵高下作等级"。并解释说：我对于崔、卢、王、郑这些世家大族，没有什么个人恩怨仇嫌，但他们家世衰微，没有什么功名，仍然恃其往日的门第，在谈婚论嫁时以高门望族自居，谈婚论嫁时索取重金，不知道什么是尊贵二字。随从我平定天下的谋士功臣，功高位尊怎么能向这些旧家世族低声下气，高价求婚呢？并亲自干预，将皇室李姓定为第一，外戚王氏定第二，崔姓降为第三。这就是历史上所说的"贞观条陈氏族事件"。武则天执政时，修纂《姓氏录》，改武姓为第一。武则天死后，仍以李姓为第一。由此可见，在隋唐之际，重视姓氏等级、郡望门阀的风气十分盛行。

在唐代，陇西李氏、赵郡李氏、清河崔氏、博陵崔氏、范阳卢氏、荥阳郑氏和太原王氏，并称“五姓七族”，门第最为清高。子女婚嫁首重门第，即使身为宰相的李义府也因不属“五姓七族”中之望族，在为其子向山东崔氏求婚时，也遭到拒绝。清代学者王士祯《池北偶谈》云：“唐人好标望族，如王则太原，郑则荥阳，李则陇西、赞皇，杜则京兆，梁则安定，张则河东、清河，崔则博陵之类，虽传志之文亦然。”这里说到一个重要问题，就是由于唐代士人好标郡望，以致官员修史亦不详细考辨人物之家乡籍贯，而姑且题署郡望了事。世风所及，竟成为所谓修史之“原则”，造成了历史人物籍贯的极大混乱。唐代著名学者刘知几对此颇为不满，他曾参与纂修国史，在写李义琰传的时候，因为义琰家住魏州昌乐，已有三代之久，所以如实写道：“义琰，魏州昌乐人也。”结果监修官指责他违背了写史原则，要他照李氏郡望改为“陇西成纪人”（事见《史通·邑里》）。

到了唐代中叶安史之乱后，特别是唐末五代，由于战乱的影响和巨大的社会政治变化，“故唐公卿之族”，“衰亡且尽”，许多“衣冠旧族”在战乱中流离失所，背井离乡，“爵命中绝”，“世系无考”。尤其是在黄巢大起义中，已出现了“满街踏尽公卿骨”的惨状，以郡望门第为荣的世俗观念受到了一定打击。

到宋代，虽然郡的行政区划已经取消，但由于长期形成的姓氏、郡望标明出身门第贵贱和社会地位的传统影响，以及区分姓氏地域分布的实际需要，以郡望标注姓氏的习俗，仍然流行。由宋代儒生编撰的《百家姓》一书，仍沿袭魏晋以来至隋唐时期所形成的姓氏郡望，表明其历史渊源和地理分布。只是按照当时各姓氏在社会中的等级地位，重新进行了排列。所以《百家姓》的前八姓是：“赵钱孙李，周吴郑王”。赵姓是国姓，当然位居榜首，钱为吴越王钱镠之姓，其余六姓为皇后外戚之姓。

宋代文人亦常以郡望自标，比如：刘放有两种著作分别题为《彭城集》和《中山诗话》，这里，彭城和中山均为刘氏郡望，并非其人籍贯，刘放之籍贯在临川新喻（今江西新余）。姚铉本是庐州人，却自题郡望曰“吴兴”。

明清时人也不乏标志郡望之例。如：明代郑真本是浙江鄞县人，其别集却题为《荥阳外史集》，荥阳者，郑氏郡望也。清代薛雪，苏州人，却自题郡望曰“河东”。流传至今的明、清族谱、家乘中，也大多标以姓氏的郡望或堂号。

寻根认祖　郡望为凭

讲究郡望门第的这种社会风气，从秦汉肇始，延续到明清时期，从王侯之家普及到平民百姓，两千多年来沿用不衰，除历代官方的倡导推崇和以家族为中心的文化形态这两大原因之外，更深层次的原因是中华民族的寻根情节。因为通过“郡望”的标示，既可以了解姓氏的分布情况，也可借此追溯姓氏的发祥渊源、宗支派别的来龙去脉。如陇西李氏，系皋陶后裔，因子孙世袭理官之职，以官为氏称理氏。商末纣王无道，理征直谏被杀，其妻契和氏携子利贞逃难于伊侯之墟，食木子得全，遂改为李氏。其十七世孙李昙生四子崇、辩、昭、玑。李崇后裔世居陇西，或为镇将、或为郡守，遂以陇西为郡望；李玑后裔则世居赵郡，遂成赵郡李氏。及至李唐王朝建立，追尊西凉武昭王李暠为其远祖，追谥为“兴圣皇帝”，陇西李氏遂成天下第一望族，赵郡李氏也被列为“五姓七族”（博陵崔氏、清河崔氏、太原王氏、范阳卢氏、陇西李氏、赵郡李氏、荥阳郑氏）之一，十分华贵。陇西李氏各宗支衍派，如敦煌李氏、姑臧李氏、平凉李氏、武阳李氏均被视为天潢贵胄，宠荣无比，而柳成李氏、略阳李氏、鸡田李氏等则是由李唐王朝赐姓而来。因此陇西李氏和赵郡李氏被视为李氏正宗，是李氏的主流支派。标示“陇西李氏”、“赵郡李氏”不仅有光耀门庭之意，也蕴涵了区分源流、世系的历史渊源的用意。

再如王氏，也是中华大姓之一，姓源繁多，各有所自，郡望多达二十四望。只要一提“太原王氏”，便知是周灵王太子晋后裔；汲郡王氏，则是殷商王子比干后裔；元城王氏，则为帝舜后裔；京兆王氏，则是毕公高后裔；营州王氏，则系出高丽；冯翊王氏，则为钳耳族支系……同一王氏，只要一标郡望，即可明了其历史渊源。

又如“河东柳氏”，其先本鲁国公子展氏之后。裔孙展禽食邑柳下，遂为柳氏。春秋时，楚灭鲁国，迁柳氏于郢（楚都）；战国时秦灭楚，迁柳氏于关中；汉时定居河东（今山西晋南），遂称河东柳氏。再如“弘农杨氏”，本春秋时晋国公族羊舌氏之后，后遭灭族之祸，有裔孙逃居华山之阴，为华阴杨氏。西汉时华阴属弘农郡，故称“弘农杨氏”。又如会稽贺氏，其先是齐国公族，有大夫庆封，因齐国内乱被逐，远徙吴国，又迁山阴，以庆为氏。东汉时因汉安帝之父名刘庆，避讳改为贺氏。

为了标示、区分各姓氏、家族的等级门第，不仅魏晋以来的族谱、家乘和姓氏书中都标有所属郡望，隋唐时期开始出现了专讲姓氏郡望的谱书，即“郡望谱”。据台湾谱牒学家廖庆六先生所著《族谱文献学》（台北南天书局2003年5月第一版）所载，在敦煌发现的有关唐朝谱牒的八种手写残卷中，就有六种属于“郡望谱”。遗憾的是，这六种“郡望谱”中，只有《贞观氏族志》收藏于国内，其余五种分别收藏于伦敦大英博物馆和巴黎国民图书馆。在廖先生转录的《贞观氏族志》中，就列举了当时47个州、郡，191个姓氏的郡望所属；在《天下郡望氏族谱》的一片残卷中，有“定□其三百九十八姓”的记载。另一片残卷中，则是按唐代十道所辖州、郡，列举各姓氏郡望所在。由此可见，魏晋、隋唐以来，姓氏郡望在社会生活中占有极其重要的位置，无论是官方，还是私族都极其重视。

综上所述，可以看出，郡望不仅可表明某一姓氏的地理分布、社会地位及宗支衍派的迁徙、繁衍等多层次的文化内涵，是解读中华姓氏的锁钥，也是寻根问祖的重要凭借。

及至现在，炎黄子孙仍然十分重视自己姓氏的来历和郡望所出，特别是寓居异国他乡的华裔侨胞，大都把自己的姓氏、郡望、家谱视为命根子，常常以同姓、同郡望来联宗认亲。几乎每一个家族都保留着传统的姓氏郡望，以示不忘对故土先人的眷恋之情。家族每遇红白之事或节庆之日，多在门前悬挂标有郡望的灯笼，以示世人。

尤其20世纪70年代以来随着全球寻根热的兴起，海外炎黄子孙纷纷归国，旅游观光，寻根问祖。姓氏郡望成为他们追寻家世渊源、谒祖朝宗的重要依据。

如散居国外的太原王氏，就是凭借“太原”这一郡望的重要线索，实现了多年寻根问祖的心愿。早在20世纪80年代初，旅居东南亚的太原王氏后裔，就开始了寻根问祖活动。先是缅甸太原王氏宗亲会致函太原市有关领导，查询有关太原王氏开宗立派的相关资料，接着泰国王氏宗亲总会派出一支由王锦源先生率领的“旅泰王氏观光团”来华寻根问祖。他们按照谱系，先是从祖上漂洋出海的广东揭阳、福建南靖等地入手，追源溯流，在福建龙溪县珩坑的王氏家庙里，见到了祖传的“三槐堂”金字灯笼。于是溯源而上，在南京“三槐堂”里又见到了“太原郡”的题铭。泰国王氏祖根是南京，还是太原？成了一时难解的谜团。于是他们致函国务院侨办，要求帮助查寻泰国王氏祖根，以便归国谒祖朝宗。

山西省侨办和太原市政府接到国务院侨办通知后，十分重视，于1986年10月成立了“太原王氏研究会”，这是中国内地第一个王姓研究的民间学术团体。并在此基础上，1987年2月组成了“太原王氏考察组”南下考察，从“太原郡、三槐堂”的郡望、堂号入手，由太原而开封，由开封而南京，由南京而福州，由福州而泉州、漳州、晋江、南靖，找到了珩坑王氏的渊源所自，理清了由太原王氏——三槐王氏——太沧王氏——沙塘王氏——珩坑王氏——揭阳王氏——泰国王氏的传承脉络。

与此同时，在太原王氏的祖地——太原市风景名胜区晋祠，选择了王子乔后裔王琼的晋溪书院，辟建了子乔祠，作为太原王氏朝宗谒祖的殿堂。1993 年 6 月 6 日，“太原王氏世界恳亲联谊会暨子乔祠落成典礼”在太原举行，来自泰国、缅甸、新加坡、马来西亚、菲律宾、印度尼西亚及中国香港、中国台湾等国家和地区的二十多个王氏宗亲社团出席了大会，实现了他们谒祖朝宗的夙愿。

1994 年 11 月 26～28 日，第二届世界王氏恳亲联谊大会由泰国王氏宗亲会主办，在泰国首都曼谷召开；1996 年 9 月 23～25 日，第三届世界王氏恳亲联谊会由新加坡太原王氏宗亲会举办，在狮城新加坡召开；1997 年 10 月 24～26 日，第四届世界王氏恳亲联谊大会由菲律宾太原王氏宗亲总会主办，在菲律宾首都马尼拉举行；1998 年 9 月 25～27 日，第五届世界王氏恳亲联谊大会由海外太原王氏联谊会后援会主办，再次在太原王氏祖地——山西省会太原举行。

此后，太原王氏恳亲联谊会由世界各国的王氏宗亲会轮流举办，成为世界性的王姓华裔侨胞的联谊活动。由“太原郡”三字引发的寻根活动就成为凝聚海内外炎黄子孙、增强中华民族凝聚力、向心力的桥梁和纽带，有力地推动了山西太原的对外经济、文化交流，成为改革开放中一道亮丽的风景，体现了姓氏郡望这一传统文化的生命力和现实意义。

姓氏堂号光门楣　嘉言懿行垂青史

“堂号”本意是厅堂、居室的名称。因古代同姓族人多聚族而居，往往数世同堂，或同一姓氏的支派、分房集中居住于某一处或相近数处庭堂、宅院之中，堂号就成为某一同姓族人的共同徽号。同姓族人为祭祀供奉共同的祖先，常在其宗祠、家庙的匾额上题写堂号，因而堂号也含有祠堂名号之义，是表明一个家族源流世系，区分族属、支派的标记，是家族文化中用以弘扬祖德、敦宗睦族的符号标志，是寻根意识与祖先崇拜的体现。

堂号不仅书写于宅院厅堂、宗祠祖庙、族谱封面，而且也题写于店铺、字号、书斋别墅、文集书画及日常生活用具（如车舆、灯笼、钱袋、家什）上面，用以区别姓氏族别，作为本族标记，具有深厚的文化内涵和实际意义。

堂号，有广义和狭义之分。广义的堂号与姓氏的地望相关，或以其姓氏的发祥祖地，或以其声名显赫的郡望所在，作为堂号，亦称“郡号”或总堂号。同一姓氏的发祥祖地和郡望不同，会有若干个郡号。如李姓郡（望）号有陇西、赵郡、顿丘、渤海、中山、江夏、范阳、汉中、代北、鸡田、柳城等30余个；王姓有太原、琅玡、京兆、元城、汲郡等38个；张姓有清河、范阳、太原、京兆、南阳、中山、安定、河内等40余个。

狭义的堂号，也称自立堂号，在同一姓氏之间，除广义的郡号之外，往往以先世之德望、功业、科第、文字或祥瑞典故自立堂号，其形式多样，五花八门，不胜枚举。若按每姓一个堂号来计算，全国至少有数千至一万个堂号，是姓氏文化中有待开发、整理、研究的资料宝库。现依据各姓氏堂号的来历、特色、分为几大类型：

1. 以血缘关系命名堂号

中国姓氏文化，首先表现出来的社会心态就是对血缘关系的高度重视，不仅同一姓氏使用相同的（一个或若干个）堂号，而且同一血缘关系的不同姓氏，也会使用同一堂号。如著名的“六桂堂”，是闽粤一带洪、江、汪、龚、翁、方六个姓氏共用的一个堂号。据文献记载，这六个南方家族，虽然姓氏不同，但却是一个先祖所出的同一家族，追本溯源都是翁姓的后裔。

2. 以地域命名堂号

地域观念命名的堂号，最为普遍，往往和各姓氏的郡望相关，也就是以郡号或地名作为堂号。如前述之陇西李、赵郡李、中山刘、太原王、琅玡王、京兆王、清河张、安定张、河内张等皆是其例。再如诸葛氏，系出葛伯，望于琅玡，发祥地是山东诸城，后世遍布全国各地的诸葛氏，绝大多数都世代沿用“琅玡”的堂名。此外，海氏的“薛郡堂”、陈氏的“颍川堂”、徐氏的“东海堂”、欧阳氏的“渤海堂”以及呼延氏的“太原堂”、林氏的“西河堂”等，都是以地望为堂号。

3. 以先世的嘉言懿行为堂号

中国人向来有慎终追远的美德，往往以先世祖宗的嘉言懿行深感自豪，往往以此命名堂号，千古流芳。如弘农杨氏“四知堂”、“清白堂”即是以东汉太尉杨震的美德作为堂号。据文献记载，杨震为东莱太守时，道经昌邑，县令王密深夜求见，以黄金十斤馈赠杨震。杨震严词拒绝说：作为故人知交，我对您是了解的，而您怎么对我的人品不了解呢？王密说：我深夜而来，无人知道这件事情。杨震回答说：此事天知、神知、你知、我知，怎能说是无人知晓？王密只好羞愧而退。杨氏后代子孙为尊崇和怀念这位拒腐蚀、不受贿的先祖杨震，便以“四知堂”、“清白堂”为堂号。

而范氏“麦舟堂”则是来自北宋名臣范仲淹济危扶困的典故。有一次范仲淹遣子纯仁，至姑苏运麦，舟至丹阳，遇石曼卿无资葬亲，纯仁即以麦舟相赠。纯仁回家后告知其父，深得范仲淹嘉许。故后世以此为典，以“麦舟堂”为堂号。

4. 以祖上的功业勋绩为堂号

在中华民族五千年历史长河中，各个姓氏在不同历史时期，都涌现出一批功勋卓著、名垂青史的历史人物，后人往往以此作为堂号。如东汉名将马援，战功卓著，闻名遐迩，后因功封“伏波将军”。马氏后人中有一支便以“伏波堂”为堂号。楚大夫屈原曾任三闾大夫，屈氏遂以“三闾堂”为堂号。

再如唐代郭子仪，因平安史之乱，屡立战功，出将入相二十余年，是维系李唐王室的功勋大臣，被封为“汾阳王”。其后子孙繁衍，遍布各地，多以“汾阳堂”为堂号。至今海内外郭氏子孙，也多以“汾阳郭氏”为荣。

郭子仪像

5. 以传统伦理规范为堂号

在封建宗法社会，各个家族常以传统的伦理道德规范为堂号，以劝诫训勉后代子孙。如李氏“敦伦堂”、张氏“百忍堂”、朱氏“格言堂”、任氏“五知堂”、刘氏“重德堂”、郑氏“务本堂”、周氏“忠信堂”、蔡氏“克慎堂”、许氏“居廉堂”等，都体现了传统的伦理道德观念。在各氏自立堂号中十分普遍。

唐代郓州寿张人张公艺，九世同居，麟德年间唐高宗祭祀泰山，路过郓州，至其家，问何以能九世同居，安然相处。张公艺于纸上连写百余“忍”字，道出其中诀窍全在于百事忍让。故名之为“百忍堂”。

6. 以祖上情操雅量、高风亮节为堂号

在封建社会中，有一批文人学士，才华横溢，品格清高，深为世人所推崇，其后代族人也引以为荣。

如宋代著名理学家周敦颐，品格高雅，酷爱莲花出淤泥而不染的清高品格，以所居之处为“爱莲堂”，其后世遂以此为堂号。晋代

陶渊明因不肯为五斗米折腰，遂辞官归里，赋《归去来辞》以明其志。因陶渊明号五柳先生，其后人以“五柳堂”为堂号。再如唐代大诗人李白，自号“青莲居士”，李氏族人中遂有“青莲堂”堂号。

7. 以祥瑞吉兆为堂号

古代人对祥符瑞兆十分重视，常认为是上天预示吉祥的征兆，往往以之为本族堂号。如宋代王祜曾手植三槐于庭院，言其子孙必有位居三公者（古代百官朝会，三公对槐树而立，故以三槐象征三公），其子王旦果然位列宰相，当政十余年，深为朝廷器重。其后人便以“三槐堂”为堂号，成为中国王姓中名人辈出的名门望族，与太原王氏，琅玡王氏并列为王氏三大支派。

8. 以先世名人的厅堂别墅为堂号

为表示对同姓先世名人的仰慕之情，各姓后人以其厅堂、居处为堂号。唐代大诗人白居易，晚年隐居洛阳香山，号香山居士，其后人便以“香山堂”为堂号。

再如唐代宰相裴度，以宦官当权，时事已不可为，乃自请罢相，在洛阳午桥创建别墅，起造凉亭暑馆，植花木万株，绿荫如盖，名为“绿野堂”。裴氏一支遂有“绿野堂”之堂号。

9. 以家族中科举功名为堂号

在封建社会，一些名门望族人才辈出，科第连绵，为世人称羡，遂以之为堂号。如唐代泉州人林披，有子九人，俱官居刺史（俗称州牧），门庭显赫，世人敬仰，这支林氏遂以“九牧堂”为其堂号。再如宋代临湘人徐伟事母至孝，隐居教授于龙潭山中，有子八人，后皆知名，时称“徐氏八龙”，后人即以“八龙堂”为其堂号。

10. 以垂戒训勉后人的格言礼教为堂号

此类堂号在各姓氏自立堂号中较为普遍。如“承志堂”、“务本堂”、“孝思堂”、“孝义堂”、“世耕堂”、“笃信堂”、“敦伦堂”、“克勤堂”等。

11. 以良好祝愿为堂号

此类堂号也较为常见。如“安乐堂”、“安庆堂”、“绍先堂”、“垂裕堂”、“启后堂”等。

12. 以封爵、谥号或旌表褒奖为堂号

此类堂号由历代朝廷或地方政府封赏、恩赐、旌表而来。如“忠武堂”、“忠敏堂”、“节孝堂”、“孝义堂”等。

总之，堂号作为家族的徽号和别称，不仅有明显的地域特征和血缘内涵，而且带有浓厚的封建宗法色彩和文化特征，既是对某一姓氏家族特色的高度概况，也是当时社会形态的反映，同样具有区分宗支族别、血缘亲疏的社会功能。它的产生、发展，多与修族谱、建宗祠、祭祀祖先、宗亲联谊活动同时进行。

第六章

凝聚血亲的纽带 朝宗谒祖的圣殿

——宗祠、族谱、族规、家训

姓氏是人类社会区分群体、族别的标志，族谱是载录宗族繁衍、世系传承的历史，宗祠则是凝聚血亲、朝宗谒祖的圣殿。如果说姓氏学是研究整个中国的姓氏，谱牒学则是研究一家一姓的历史，而宗祠祖庙则是体现某一姓氏文化内涵和宗法礼仪的殿堂。在中国古代宗法社会里，建宗祠、修族谱是族人的两件大事，都具有慎终追远、报本思源、敦宗睦族、凝聚血亲、光前裕后、规范伦理的教化功能。因此，探讨、考察宗祠、族谱的文化内涵及其发展、演变的历史，就成为姓氏研究的一个基本内容。

载录谱系的典籍　传承文明的纽带

族谱，也叫家谱、宗谱、家乘、世谱，是记载家族或宗族的家世渊源、传承世系、支派繁衍，及宗族事迹、名贤俊杰的典章文献。简而言之，家谱（族谱）就是血脉的谱系，是某一个姓氏的家史或族史。它和姓氏、郡望、堂号、宗祠等姓氏文化的其他内容一样，既是构成宗法制度的基本要素，又是考辨姓氏源流、敬宗收族的重要凭借。

载录谱系　传承文明

族谱、家乘，作为载录家族（宗族）源流世系及其发展兴衰的史籍，由来已久。早在三千多年以前，中国出现第一个奴隶制王朝——夏朝时就已经出现。据《礼记·礼运篇》记载，自大禹家传天下之后，“各亲其亲，各子其子”，王位世袭，子孙相继，就有了专门记载帝王世系的谱牒。《史记·夏本纪》即据此记述了夏王朝的世系：自禹至桀共传14世，17个帝王，说明夏代已有了帝王谱系，即最早的家谱。

至于商代的家谱，则有考古发现的“甲骨家谱”可资证明。据有关学者研究释读，共有三件甲骨片可以确认是最古老的家谱：一件见之于容庚等编的《殷契卜辞》中，序号为209；一件收录于《库·方二氏藏甲卜辞》中，序号为1506；一件见于董作宾的《殷墟文字乙编》，编号为4856。其中第二件“库1506”所载是极为完整的、典型的商代家族世系，共记录了儿氏家族13个人名，其中父子关系11人、兄弟关系2人。据专家断定是商代第10世23任国王武丁时代所刻，距今约有3200年。

在现存的商代青铜器中，也有几件是专记商人家族世系的家谱。如现存于辽宁省博物馆的“六祖戈”、“六父戈”、“六兄戈”，记载了同一家族六到八代的谱系，谱学界将之称为“青铜家谱”。

“青铜家谱”在存世的周代青铜器中也有发现。如1976年在陕西扶风县庄白村出土的微氏家族的《墙盘》和《疒钟》，不但准确无误地列举了周初文王、武王、成王、康王、昭王、穆王六代王系，而且记述了微氏家族的七代世系，是我国现今发现的记录家族世系最多的青铜家谱。

由于周初建立了一套严格的封建宗法制度，为了“奠世系，辨昭穆”，确认血缘关系的亲疏远近，周王朝设立了掌管王族谱牒的“小史”。“奠世系”就是确定谱系、世系，“辨昭穆”就是按辈分大

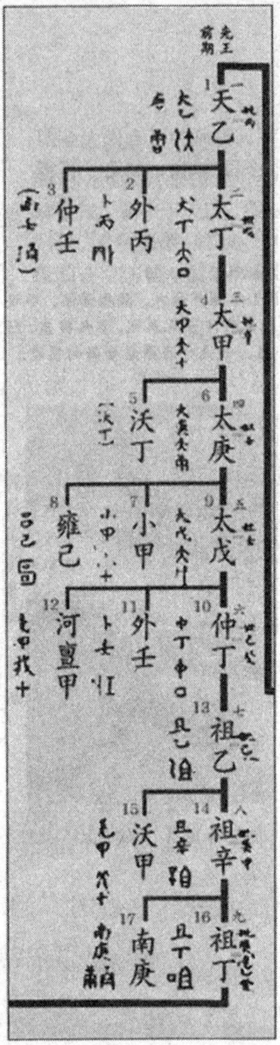

商王室传承世系图

小、长幼次序，以及血缘远近而决定在宗祠、祖庙中的排列地位。对于诸侯、卿大夫的谱系，周王朝中设有史官记录管理，称为太史。各诸侯国也设有专职记录、管理谱系的官员、机构，如鲁国称之为二史，楚国称之为“三闾”。屈原即曾任“三闾大夫”，负责掌管楚国王族昭、屈、景三姓的谱系。一旦发生继承问题，便据此来决断，确定继承人选和次序，以确保封建宗法制度的实施。可见谱牒、世系在当时社会政治生活中所占的重要位置。

现存最早的文字家谱，是由后人辑录的《世本》15 篇。该书约成书于战国末期，记录了从三皇五帝到春秋战国时期历代帝王、诸侯卿大夫的姓氏渊源、世系源流、迁居本末、生前创制、死后名号等事迹，集各家各代的分散世系于一书，是我国谱牒学的开山之作。后世的谱学家、史学家追述古代历史和各姓渊源时，多以此为历史依据。太史公司马迁编撰《史记》时，即曾参阅、引证了《世本》的大量文献资料。

流传至今的另一部周代谱学著作是《大戴礼记·帝系篇》。该书系统地记载了黄帝以来至周代帝王的血缘谱系，从中可以看出，黄帝之后一脉相承的颛顼高阳氏、帝喾高辛氏、唐尧、虞舜、夏禹，都是黄帝子孙后裔。所谓“禅让”之说，实质上是父子、兄弟、叔侄之间权力的转让、交替，夏、商、周三代，仍是黄帝后裔之间权力、地位的更替。另外，相传在春秋时期荀子曾编有《春秋公子血脉谱》，此书今散佚不存，但从其“血脉谱”三字，可知是载录血缘传承的家乘谱牒。

秦、汉时期，家谱编纂有了进一步发展，秦代曾设有“宗正”官管理皇族事务和皇家谱牒，因时代较短，未见秦代家谱的记录。

汉承秦制，仍由“宗正”掌管皇亲贵族的谱系，同时设有诸王世谱，收录同姓诸侯王的世系谱籍，异姓王侯也有专门的“侯籍”，载录其家族世系，如《汉书》、《后汉书》的《帝王诸侯世谱》即是其例。与此同时，私人修纂的家谱也开始出现，较著名的有《扬雄家牒》、《邓氏官谱》等。此外，还有一些碑刻实物，也载录了家族世系。如东汉《孙叔敖碑》，记述了春秋时楚相孙叔敖十余世孙和东汉渤海太守孙武以下的家族世系；《三老赵宽碑》，完整地记录了西汉名将赵充国到赵宽数百年间家世渊源。

魏晋南北朝时，由于门阀制度的盛行和“九品中正制”的实施，选拔官吏，婚姻嫁娶，都十分注重门第，都要以家谱为凭，无论是政府官方还是世家大族，都十分重视家谱的编纂。官方设有谱局，委任专人掌管谱牒的修纂，各级地方政府均设“谱库”收藏家谱，以备查验。风气所及，谱学大盛，形成了中国历史上第一次纂修家谱的高潮，也涌现了一批修谱名人和修谱世家。如东晋贾弼一门七代从事谱学，被称为“贾学”。而另一谱学世家王弘、王僧孺、王逡之则被称为“王学”。官私纂修的家谱也大量出现。据郑樵《通志·艺文志》所载，从魏晋到隋唐，官私所修谱书达155种，2365卷，其中贾弼的《百家谱》共100册，712卷，包括18州116郡大族，被当做东晋和南朝各代选官任职的重要依据。南朝梁武帝时又命王僧孺、王逡之修订、编纂《百家谱集抄》、《百家姓拾遗》。从此之后，谱学成为一种专门学问，被归为史学的一个门类。阮孝绪的《七录》将之列为第十一类，称为谱状，著录谱牒42种，1000余卷，成为著录谱牒的首创。

由于当时谱牒著述，主要是载录帝王权贵和世家大族的谱系，因而一直到隋唐之际，虽然废除了“九品中正制”，改为科举取士，但谱牒的修纂大都由官方谱局派员编纂。如唐代贞观年间的《士族志》，高宗、武后时的《姓氏录》以及其后的《元和姓纂》、《皇室永泰谱》、《皇唐玉牒》，均由官方谱局修纂而成。唐代私家修谱之风也很盛行，较著名的有柳冲的《大唐姓氏录》、路敬亭的《衣冠谱》、韦述的《开元谱》、柳芳的《永泰谱》等。日本多贺秋五郎在其《中国家谱之研究》一书中，依据相关文献统计，魏晋隋唐时期，谱牒类著述总数达 277 部，重复者不计，但未标明其卷数。及至唐末黄巢起义，连年战乱，大批的豪门权贵、世家大族被扫荡殆尽，经五代十国长期战乱，旧的家族势力遭到毁灭性打击，“士族亡其家谱”，“失其世次”，谱学由是衰微。

入宋以后，随着程朱理学的流行，“敦宗睦族，尊祖敬宗”的伦理观念成为社会的主流，私家修谱之风日渐盛行，并形成一整套体例完备、格式规范、内涵丰富的谱学体系。其中影响最大，为后人所推崇的是欧阳修、苏东坡分别创立的“欧、苏体例”。欧、苏谱例都是“五世则迁”的小宗谱法，每图只谱五世，五世以后，格尽另起。欧式谱例是:“谱图之法，断自可见之世，上自高祖，下到五世玄孙，而别自为世。”苏式谱例是：“凡嫡子而后得为谱，为谱者皆存其高祖，而迁其高祖之父。”比起动辄追溯数十世、旁及各疏支的大宗谱法来，具有详尽略远、亲疏各别的优点。在形式上重在图表之创新，欧体是左右横列表格式，每图五格，格尽另起；苏谱是上下直行的吊线图，每图五世。

在内容上，欧、苏谱例，由谱序、谱例、世系图（世系表）、世系录、先世考等五项内容构成，记述原则是只书男与嫡妻，不书生女，不书继娶，不书妾，体现了浓厚的封建宗法观念。

元、明两代家谱体例沿着欧、苏谱例发展，记事范围进一步扩大，增加了谱论、像赞、族规、家训、恩荫录、五服图、字辈排行、人物传记、文约契据、艺文著述等多项内容，成为名副其实的家族历史。有些族谱开始记载女儿的名字，特别是女婿是有功名的名门望族，其名字载入岳父家族谱也可增光添彩。继室、侧室也可入谱，尤其部分小妾也因生有儿子，“母以子贵”，特许入谱。入继子嗣和入赘女婿，也有的允许入谱，但要记、注分明，加以区别。如同姓入继，仍用红线联结世系，异姓人入继则用黑线。有的宗谱仍坚持不许“异姓乱宗”，不予记载，或在宗谱之末附加一卷，专载螟蛉之子及其后裔。

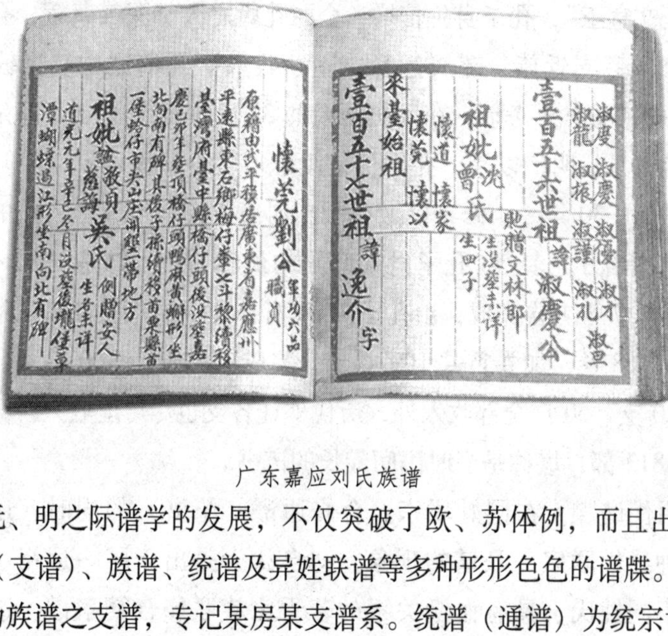

广东嘉应刘氏族谱

元、明之际谱学的发展，不仅突破了欧、苏体例，而且出现了房谱（支谱）、族谱、统谱及异姓联谱等多种形形色色的谱牒。其中房谱为族谱之支谱，专记某房某支谱系。统谱（通谱）为统宗世谱，把分布于各地的同姓各宗支汇总、统贯于一谱，几乎是某一姓氏的历史渊源、迁徙分布及繁衍变迁的历史总汇。如明代张宪、张阳辉主修的《张氏统宗世谱》，从黄帝时赐姓记起，直到明嘉靖年间，时期跨度达数千年之久，包括了全国 15 个省份，1470多个州、县，张姓 117 个支派。

明代中叶以来，这种同姓联修的统宗大谱日渐盛行。究其原因是程朱理学的盛行，“三纲五常”成为修谱的宗旨，并将正史体例列入族谱。族权的正式确立和族谱功能的强化，导致了对家族世系、宗支流派的延伸追述和横向联络，致使“会千万人于一家，统千百世于一人”的统宗大谱日渐流行。如上述《张氏统宗世谱》、河南洛阳的《汪氏统宗正脉》、安徽歙县的《新安黄氏会通谱》即是其例。

其中以孔子家谱的修纂最为典型。在宋代以前，孔谱只收录直系的长子、长孙的谱系。北宋时，山东曲阜孔氏始合修族谱，支、庶兼收。及至元武宗大德十一年（公元1307年），敕封孔子为“大成至圣文宣王”，孔子身价倍增，全国孔姓之人都深感荣耀，孔谱一修再修，旁支近族，疏属远裔，逐渐收入到孔谱之中。据钱大昕《补元史艺文志》考证，在元史著录的32部谱牒中就有8部是孔子的家世谱系。明代以来，孔谱仍是续修不辍，并规定60年一大修，刊印谱籍，30年一小修，仅做登录。到清代咸丰年间，人谱的孔姓人丁已达四万之多。《孔子世家谱》的最后一次大修是1930～1937年，历时7年方告完成，由孔子77代裔孙孔德成总主其事。谱本共分四集108卷，加卷首共109卷，分装成154册，9900多页。除传统的20支、60户全部收入外，历代外迁各支也尽可能收入。分支族谱达1813部，堪称是当时民间最长的谱书。

明代谱牒，在同姓联宗、合修通谱（统谱）的同时，还出现了一种异姓联宗、联谱的现象，即自认为是出于同一远祖、而后分成不同姓氏、具有血缘关系的若干家族联修合纂宗谱。这种异姓联谱是谱学史上的一大突破，不仅打破了地域界限，而且打破了姓氏界限，将起源于同一祖先的不同姓氏宗族编撰成一部大谱。如宋代福州人翁乾度生有六子，各得一姓，分别是：洪姓、江姓、汪姓、翁姓、龚姓、方姓，兄弟六人同列进士，皆为显贵。其后六姓异姓联谱，号为“六桂堂”。再如，张、廖、简三姓、董、杨二姓及柯、蔡二姓等，皆因先世出自同一始祖，故有异姓联宗、联谱之举。尤为特殊的是明代凌迪知撰修《古今万姓统谱》认为：五帝三王，无非出自于黄帝之后，黄帝二十五子，而得姓者十四，十四姓又支分派别，衍生出千家万姓，若追根溯源，同为黄帝后裔，同是黄帝一人所分，因此应联天下万姓为一家，故此名之为“古今万姓统谱”。

谱学发展到清代以后，在数量和质量方面都达到了一个新的高度。据廖庆六先生的《族谱文献学》统计，在已知现存的族谱中，清朝谱本占53.92%，民国谱占40%，明谱占4%，宋、元谱占0.1%。而清谱在体例、内容与装帧方面更是严谨、充实、美观，而且还出现了纪晓岚、章学诚、张澍、朱次琦四大谱学名家。但由于清代学者多崇尚考据之学，对族谱予以排斥和藐视，对谱学成就未予关注。在《四库全书》中，对谱牒学一类未予收录，实是一件憾事。

民国以来，虽然辛亥革命推翻了数千年的封建统治，但民众的修谱热情并未减退，族谱数量增加之速度，比历代更为惊人，目前存世的族谱中，40%为民国族谱。新中国成立后，修谱之风一段时期趋于沉寂，大量族谱遭到毁弃。但进入20世纪80年代，随着全球寻根热的兴起，修谱续谱之风悄然复苏，作为中国传统文化的一个重要组成部分，日益受到各方面的关注。

由于家谱具有维系血亲、载录家史、规范伦理等特殊的社会功能，各个宗族对于家谱的纂修极为重视，每隔三四十年都要重修、续修一次。

家谱的纂修是宗族的大事，不仅要有严密的组织机构，严格的工作程序，也要有一定的人力、财力为基础。

首先，要组建以族长为首的家谱编委会（俗称开设谱局），由主修（一般由族长担任）、倡修、编修、监修、协修、校阅等组成，编委会人数多少主要看宗族大小、门派多少而定。

其次，筹措修谱经费。一般由族田、祭田和其他族产的收入来支出，以及族中有钱人的捐助。此外每个入谱的男丁都须交纳一份谱银。

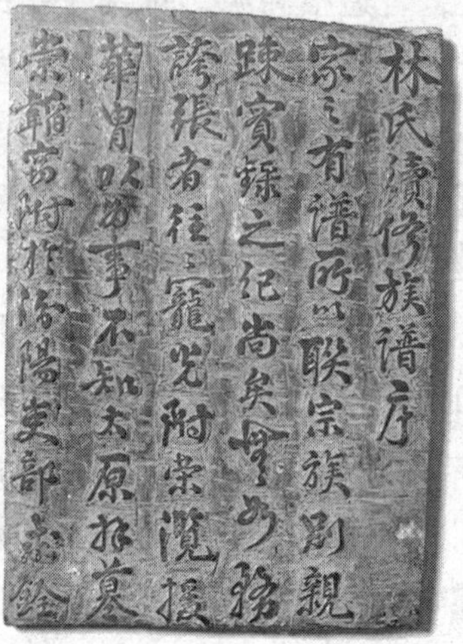

林氏族谱木刻版

再次，将拟定的谱例，分发各个支房，要求族众主动提供相关资料，尤其是族众散居于众多州县的大族，各房支都要责成专人限期登录、收集相关资料。

最后，谱书修成后，要举行隆重的祭谱、拜谱仪式，族众齐集祠堂、祭告祖先。先将谱本一套存放祠堂，然后由族长按房、支发谱，每房（支）一套，并编列序号，登录在案。每年元旦、清明或春、秋两季祭祖时，要求藏谱之家携带谱本，入祠堂查验，谓之“会谱”。如保存不善或有遗失篡改，会受到严厉惩罚。

武岭蒋氏宗谱

在门第等级观念盛行的宗法社会中，族谱是血缘传承世系的重要凭借，也即家族或家庭档案。一些原来贫贱之家的宗族在暴发后，往往要攀附名门，冒认祖先，以显示其高贵血统、祖宗的荫德。因此名门望族都强调秘藏族谱，严禁示人，以免同姓异宗攀附冒认。即使是庶民百姓，也将族谱视为家族的根本所在，是祖传的圣物，绝不可轻易损毁丢失，因而加意保存和收藏，除非有朝宗祭祖、婚丧大事，绝不轻易出示。故而有“黄金犹可借，家谱不可借”的古训，使家谱成为秘不示人的传家之宝。

国之瑰宝　有待开发

家庭是社会的基本细胞，宗族为血缘传承的载体。五千年的华夏文明，就是不同血缘姓氏的宗族在各个历史时期繁衍生息、播迁交融、兴衰更替的总汇。举凡改朝换代的军国大事、外交内政的种种措施，往往可在族谱、家乘中寻觅到蛛丝马迹。从某种意义上讲，族谱、家乘是剖析社会的微观窗口，是解读重大历史事件的佐证。

如《黑龙江瑷珲郭氏家传》（民国·郭德权纂），在追述其家世迁徙的历史时，就印证了中俄外交史上的一段重要史实。撰修者郭德权在家传简介中称："瑷珲郭族，初为汾阳王郭子仪之后裔。其一支远年迁至山东省登州府蓬莱县。康熙初年，权之高祖由蓬莱渡海入东北，先卜居于吉林省宁古塔（今宁安县），因习造船，乃赴船厂水师营，任造船工程师。康熙二十四年（公元1685年），随清军沿松花江、黑龙江而上，战胜俄军，毁雅克萨城，乃定居于黑龙江省瑷珲县。""咸丰八年（公元1858年），中俄瑷珲条约在此签订"。

这部来自于黑水之畔的郭氏家谱，不仅为我们提供了清初移民关外的实例，而且见证了清初康熙王朝国力强盛，抵御沙俄，大获全胜，拆毁沙俄非法所建雅克萨城，并在此基础上签订尼布楚划界条约的史实；到清末国势日衰，被迫割地求和，签订丧权辱国的"瑷珲条约。"将二百年来清王朝由盛到衰的历史浓缩到一部家谱之中，使我们能进一步领悟到家史与国史、族谱与正史相互印证的历史价值。

另一部由清代郭赓堂、郭中吉纂修的《津门郭氏族谱》亦以其家族历史补充了地方史志的不足。该谱谱序称："津门（天津）郭氏本江南新城旧族，其始祖尚智公于明万历年间贸易至'小直沽'，遂家焉。彼时津门尚未建城立县，犹以小直沽名之。郭氏居此，历三百数十年，传十二世，是为津门郭氏。"这就说明，在明代万历年间，天津尚未建城、立县，为考证津门（天津）的历史沿革提供了历史依据。

还有一部《黑水郭氏世德录》（郭浣兴辑，民国十五年铅印本），是一部硕果仅存的达斡尔族郭氏族谱。该谱在追述其先世渊源时，称说："黑水郭氏，旧作郭博勒氏，本达呼尔（即达斡尔）之支族。系出大贺氏，契丹国族也，远祖早年徙居黑龙江郭博勒屯，因以著姓。共和（辛亥革命，民国成立）以后，弛冠姓之禁，族人仿古人复姓从简之例，以郭为氏，系黑水地望，所以别太原郭也。"

这段短短的文字记述，蕴涵了丰富的文化内涵，给我们以深刻的启迪：第一，印证了姓氏学中"以地为氏"、"以地著望"这一常用的分类方法；第二，印证了中华姓源中"夷夏交融，百川汇海"的论断，为郭氏姓源多元说提供了实证；第三，体现了中华民族大家庭多元化的文化特征，提供了民族学研究中"胡姓汉化"、多字姓改为单字姓的实例；第四，反映了"共和之初，弛冠姓之禁"，倡导民族平等的历史背景。

一部薄薄72页的家谱，短短百余字的谱序，就有如此丰厚的文化内涵，族谱家乘的社会功能、史学价值、文化价值，由此可见一斑。

在其他姓氏的族谱、家乘中，这种很有价值的文献资料，也俯拾皆是。现举两部李氏族谱，更能说明问题。

其一是清代李广齐纂修的《泉州李氏家谱》，载录了一则中国航海史和中外文化交流上难得一见的珍贵史料。泉州李氏是唐代武阳懿公李大亮后裔，唐末随王审知入闽，先居汀漳，再迁泉州，子孙多以经商为主，向海外发展。至元、明之际，其十二世孙李驽（字景文）已成为专事航海贸易，较早接受西方文化的泉州巨商。

据《李氏族谱》所载，明洪武十七年（公元1343年），李驽"奉命发舶西洋，远航海外"。不料，这次远航，李驽竟然娶了一个色目女子为妻，并"习其俗，终身不革"，"子孙繁衍，犹不去其异教"。被族人视为"夷狄异端"，开除"族籍"，不得姓李。并将其原委写成《垂戒论》记入族谱。李驽被“除籍”后，只得改从母姓，为林氏，成为福建“清源林李宗支”的开派之祖，其后裔散居泉州、安南等地，多以海外贸易为生。

李驽此次“奉命发舶西洋”所奉之命出自何人，其性质是纯粹的商业贸易，还是外事考察，史无明文可考。但有一点十分清楚，就是此次“奉命发舶西洋”比著名的“郑和下西洋”的首次出航（公元1405年）早了21年，是中西交通史上值得大书特书的一件大事。该谱对李驽所娶色目女子的家世国籍未作明确交代，但从其《垂戒论》中所描述的衣着饮食、丧葬礼俗中，可见端倪。该文称其俗：“缠头披褐而跣足也，七戒三斋不饮酒，不茹荤……斋，昼则不食，夜则食之，市则不食，自屠乃食之，豢则不食，刍则食之”；“不圭其身不为成人也”；其治丧“笙歌鼓舞，实之以汞，赠之以华。无丧无服，桐棺不掩，而厝之中野，不为主也，不为祀也。”一副伊斯兰教信徒的形象跃然纸上，是研究中西文化交流的一份珍贵资料！

其二是近年新发现的、海内唯一的、关于世界著名水利学家李冰家世的《李氏世谱》。该谱由李冰六十七世裔孙李待庆于清同治十一年（公元1872年）纂修。李冰是春秋时期秦国著名的水利学家，由他主持修筑的都江堰水利工程，两千多年来造福后代，创造了水利史上的奇迹，成为科技史上的瑰宝，被列为世界文化遗产，深受中外学者关注。但由于历史文献阙略，李冰的身世籍贯成为世界科技史、水利史和史学界的千古之谜，甚至有人认为李冰、李二郎父子仅是一个神话传说，并无真人真事。及至1974年，在整修都江堰水利工程时，发现了一千八百多年前东汉时期雕有李冰姓名的石像，才确定李冰确有其人，但其祖籍、身世仍是个谜。直到1996年在山西运城盐湖区郊斜村发现了《李氏世谱》，才断定李冰就是今山西运城盐湖区郊斜村人。

《李氏世谱》共分《李氏东分家谱》、《李氏中分家谱》、《李氏西分家谱》三册，分别由李氏东、西、中三支保存。这三册家谱的谱序中，都开宗明义地写道："余李氏始祖讳冰，又名李冰，号称陆海，谥封金山顺泽侯，二郎，其子也。按秦时冰为蜀郡太守，见四川成都府属灌县都江堰口水患甚钜，因使其子二郎，凿山导江，保全成都等县。蜀人德之，不惟家立冰像，且于都江堰口庙祭二郎为神，至今香烟弗替。"至宋末，其裔孙"五十二世维渊公"、"五十三世如岗公"，"父子俱以孝廉补平阳府教授，方告任归里，爰卜居是村，创立始祖家庙"，"彼时每岁春秋犹遣司官致祭"。这就清楚讲明了李冰的身世、籍贯以及修谱、建庙的历史始末。笔者曾前赴郊斜村实地考察，有幸目睹了《李氏世谱》、清康熙二十五年重修的"李氏家庙"及雍正年间敕封神主灵牌和御批抄件。两千多年的历史谜团，借助一部家谱、一座家庙，得以澄清。这部《李氏世谱》不仅填补了正史、方志的遗漏，而且是涉及世界水利史、科技史的重要文献。

正因为如此，族谱、家乘，被有识之士称为"平民史册"，列为与正史、方志互为表里、相互补充印证的三大历史典籍。伟大的民主主义革命家孙中山先生说过："寻根觅本，追源溯流，为人之天性，中外皆然。由宗族的团结扩充到国家民族的大团结，这是中国人才有的良好传统观念，应妥加保护。"毛泽东主席在1957年成都会议上的讲话，也曾说道："收集家谱、族谱，加以研究，可以知道人类发展的规律，也可以为人文地理、聚落提供宝贵的资料。"新中国建立以来，由于"极左"思潮的影响，族谱、家乘的修纂、整理、研究，一度被视为"封、资、修"遭到摧残，但广大民众仍然甘冒风险，对族谱、家乘妥为保存。

到20世纪80年代，随着改革开放的深入发展和全球寻根热的兴起，弘扬优秀的传统文化，倡导中华民族固有的传统美德，受到各界人士的高度重视。族谱、家乘的社会价值和现实意义，日益显现出来。为此，1980年国家档案局在大陆范围内调查统计各藏书单位的家谱收藏情况，获得家谱目录4000余条。1984年春，国家档案局二处、南开大学历史系、中国社会科学院历史研究所通力合作，决定联合编纂《中国家谱综合目录》。国家档案局、教育部、文化部等部委联合发布了《关于协助编好中国家谱综合目录的通知》，其中明确指出："家谱是我国宝贵文化遗产中亟待发掘的一部分，蕴藏着大量人口学、社会学、民族学、民俗学、经济史、人物传记、宗族制度以及地方史的资料，它不仅对开展学术研究有重要价值，而且对当前某些工作也起着很大作用。"要求各省、市、自治区和相关部门协助做好家谱综合目录的调查统计编目上报工作。经过多年的努力，《中国家谱综合目录》终于问世。该目录收录中国家谱目录14719条，是迄今为止收集家谱目录最多的一部大型文献资料。

我国已形成了以北京国家图书馆、上海图书馆、山西省社会科学院家谱资料研究中心为主的三大家谱收集、整理研究基地，并推出了一批研究成果，编纂了各自的家谱收藏目录。其中山西省社科院收藏家谱近4000部，出版编纂了《中国家谱目录》（山西人民出版社1992年4月第一版）、《中华族谱集成》（巴蜀书社在1996、1997年陆续推出）等大型家谱专著。北京国家图书馆在20世纪80年代中期对馆藏家谱进行大规模整理，历时3年，完成了《北京图书馆馆藏家谱提要》的编写，著录各种家谱2228种。上海图书馆是目前国内收藏家谱最多的部门，藏谱总量达12000余部，约占全国已查明家谱总数的一半以上。2000年5月整理出版了《上海图书馆馆藏家谱提要》。同年11月，上海图书馆受文化部的委托，负责牵头编撰《中国家谱总日》，邀约全国各省市大型图书馆和藏谱单位参与。

自20世纪80年代以来，谱牒学研究工作也逐步展开，1988年7月11日，在山西省五台山举行了"首届中国家谱研讨会"，并成立了谱牒研究史上第一个全国性学术团体："中国谱牒学研究会"，创办了学术专刊《谱牒学研究》。1991年8月，又在山西太原和五台山召开了“第二届中国家谱研讨会”。此后，由于经费短缺等种种原因，“中国谱牒学研究会”未能开展正常活动，直到1998年11月中旬，在上海召开了“全国谱牒开发与利用学术研究会”，国内外谱牒研究专家才第三次聚会。

在此期间，山西、福建、上海、河南、四川等地也先后成立了地方性谱牒学研究会，谱牒学研究进入新的发展时期。

凝聚血亲的基石　行使族权的殿堂

宗祠，也称祠堂、宗庙、家庙，是宗族祭祀祖先的地方，被视为血缘崇拜的圣殿。人类对祖先的崇拜由来已久，早在氏族社会已经盛行，在殷墟遗址中，就发现有为祭祀墓主而建造的享堂。殷商时期，同姓者有共同的“宗庙”，同宗者有共同的“祖庙”，同族者有共同的“祢庙”。到周代，由于宗法制度的确立，庙制逐步完备，据《礼记·王制》云：“天子七庙”、“诸侯五庙”，“大夫三庙”、“士一庙”，“庶人祭于寝”。这里所说的“七庙、五庙、三庙、一庙”，是根据不同的社会地位，可在宗庙中分别设置和祭祀七代、五代、三代、一代以上祖先的亡灵。庶民不设宗庙，在寝堂中祭祀祖先。宗庙是宗族血脉所系，也是宗族盛衰的标志。兴旺的家族，四时祭享，香火不断；衰败的家族，则宗庙残颓，香火断绝。尤其是帝王的宗庙（也称太庙），不仅是宗族的象征，也是国家政权的象征，是国家举行大典、宣布重大决策、新君继位、策命大臣、召会诸侯的场所。历代帝王都将宗庙看做是王权统治的精神支柱，是国家权力的重要标志。“宗庙社稷”的存毁往往成为一个朝代、政权兴亡更替的代名词。所以《左传》上说：“国之大事，在祀与戎。”意思是说，敬宗祭祖与整军经武，都是关乎国家兴亡的大事。每当改朝换代之际，新的统治者在营建宫室时，首先要营建宗庙。今北京天安门广场的劳动人民文化宫就是明、清皇室的太庙。

山东长清郭氏墓汉代石祠

民间的祠堂，是西汉时才发展起来的。秦汉时，往往在帝王陵墓所在之地建立祠堂，以便祭祀，故也称为“享堂”，因所用建筑材料多为石块，也称“石室”。民间也有仿效。现存于山东长清县孝里铺孝堂山的郭氏墓祠，是已知国内保存最为完整、建筑年代最早的民间祠堂实物。孝堂山原名巫山，因山上有郭孝子墓和祠堂改称孝堂山。根据其祠内存有“泰山高令明永康元年（公元167年）十月二十一日故来观记之”。“平原隰阴邵善君以永建四年（公元129年）四月二十日来过此堂叩头谢神”的两副题铭，以及祠内的画像风格推断，其建筑年代约为公元1世纪前后。石祠坐北朝南，面阔4.15米，进深2.15米，高2.64米，石祠内部三个壁面及石梁两侧，刻满各种历史故事和反映当时现实生活的画面。据此，可以了解风行汉代的民间石祠的具体形象和构造。1961年被国务院列为全国第一批文物保护单位。

与孝堂山郭氏石祠齐名的还有嘉祥武氏石祠。嘉祥武氏石祠位于山东省嘉祥县翟山山麓，建造于东汉，因祠内保存有价值极高的汉代石刻而驰名中外，被列为全国重点文物保护单位。

嘉祥县武氏石祠，由武梁祠、武荣祠、武班祠和汉代石刻组成。武梁，字绥宗，曾任州从事，卒于汉桓帝元嘉元年（公元151年）。武荣为武梁之侄。武班生卒年不详，与武梁当为同族。武梁祠最有价值的是先后发掘出来的43块汉代画像石刻，既有祠主人的主要经历和生活场景，也有古代的历史故事，而且每幅画像上都有隶书题字，共1069字，是十分珍贵难得的历史资料，也是稀有的艺术

山东武梁祠汉代石阙

珍品。

东汉以后，魏晋南北朝、隋、唐、五代至北宋，朝廷虽然容许民间修建祖庙，但等级规定很严，有资格修建祖庙的人物寥寥无几，祠堂的发展相对缓慢。至宋代，由于理学盛行，儒家“三纲五常”伦理道德观念得到加强，“孝为百行之首”。所以，朱熹在《家礼》中规定：“君子将营宫室，先立祠堂于正寝之东。”而且，“或有水盗，则先救祠堂，迁神主遗书，次及祭品，后及家财。”祠堂被视为高于一切，为家族命运之所系，具有神圣不可侵犯的地位。因此，名宦巨贾，豪门望族，增建祠堂，以显其本，以祭其祖，宗法、血缘观念由此强化。自《家礼》问世之后，臣民祭祖的建筑才被称做祠堂。

明清时代，宗族制度处于成熟发展阶段，祖先祭祀作为家族的重要活动，受到人们的高度重视，祠堂成为家族具有凝聚力的象征。祠堂的营建成为全体族人共同的意识，官方当局也予以足够的关注和重视。明洪武初年规定：官家祠堂按《家礼》旧制；庶民可祭祀祖父母、父母二代。洪武十七年（公元1373年）又采纳唐县知县胡秉中的建议，将庶民祭祀二代改为曾、祖、弥（父）三代。成化十一年（公元1475年）国子监祭酒周洪谟建议整顿祠堂之制：“令臣、庶祠堂之制悉本《家礼》……令一品至九品各立一庙。”嘉靖十五年（公元1536年），明王朝重建九庙，朝廷议定庙制，礼部尚书夏言同时呈上《令臣民得祭始祖立家庙疏》：

“臣忝居礼官，躬逢圣人在天之位，又属当庙成……乞诏天下臣民冬至日得祭祖……乞诏天下臣工建立家庙。”（《桂州文集》十一卷）

嘉靖皇帝准照颁行，庶民之家建祠之风由此盛行。尤其是明代中后期到清代中叶，在文化发达的江南地区，祠堂的修建更是十分普遍。以江西为例，据乾隆二十九年（公元1764年）统计，全省78个州县中，各姓修建的总祠89处，由一姓一族修建的支祠达8994个，几乎所有村镇都有祠堂，有的一个村庄即有数个之多。再比如安徽省，不仅祠堂众多，而且规模宏大，远近驰名，有的一直留存至今。如安徽黟县的南屏村，从村口到村中，就有叶氏、程氏、李氏等8个祠堂，南屏村也以“祠堂村”闻名遐迩。黟县西递村也以祠堂众多、规模宏伟久负盛名，如村中的“明经胡氏宗祠”，据族谱记载，明经胡氏乃唐昭宗李晔后裔，因唐末避难，育于婺源胡氏，遂以胡为氏。宋元年间迁黟县西递，为西递始祖，在西递村中即建有“本始堂”、“追慕堂”、“敬爱堂”、“仁让堂”、“七贤祠”、“霭如公祠”等众多祠堂，均为江南祠堂的经典之作。因此，西递村于2000年被列入联合国人类文化遗产。再如安徽歙县的富堨村，是汪姓聚居的村庄，除全族共建的“大本堂”之外，又按照分支派别建起了“绥仁堂”、“仁安堂”、“敦本堂”、“余庆堂”、“嘉德堂”、“仁清堂”、“仁和堂”7个支祠。还有安徽绩溪的龙川胡氏宗祠、周氏宗祠、婺源江口的俞氏宗祠，浙江宁波的秦氏宗祠，江苏苏州的王家祠堂、无锡的吴太伯祠、江西流坑的董氏大宗祠、福建邵武的董氏宗祠……都是久负盛名的江南名祠。2004年12月，笔者应无锡祠堂文化研究会之邀前往无锡实地考察时，发现仅在无锡惠山公园不足0.5平方公里的范围内就留存有71个姓氏的118座祠堂的遗迹、实物，江南祠堂之盛于此可见一斑。

明清时期，在全国创建或重修的各类祠堂也为数众多，流存至今的也为数不少，如山西晋城皇城村的陈氏祠堂、山西代县的杨业祠、广东广州的陈氏祠堂、台湾台南的延平郡王（郑成功）祠，都是享誉海内的著名宗祠。

纵观明、清以来的各类祠堂，虽然类型各别、规模大小不同、地域分布不均，但其所展示的文化内涵，所具有的社会功能，主要有以下两个方面：

1. 朝宗祭祖的圣殿

在古人看来，祠堂是宗族的荣耀，也是祖宗的功德，因此祠堂的第一要义和主要作用，就是朝宗谒祖、祭祀先人。祭祀的对象主要有得姓受氏之祖、开宗立派之祖、当地始迁之祖，以及有功业、德行的历代先人。

江西婺源俞氏宗祠

由于祠堂祭祀祖先的范围、内容不同，所以祠堂有总祠、支祠、分祠等不同类别和称谓。由同姓合族合祀者称为总祠或宗祠，祭祀祖先往往追溯数十世、上百世之远。如：周姓以后稷为始祖，吴姓以太伯为祖，姜姓以姜尚为祖，王姓以王子乔为祖，陈姓以陈胡公为祖，林姓以比干为祖，李姓以皋陶为祖。浙江淳安的汪姓宗祠，则一直追溯到轩辕黄帝的世系。分支各祀者称为支祠、分祠，一般祭祀为本支派、本家族的开宗立派之祖或始迁之祖。祠堂的规模和建制，视家族人口的众寡、支派的大小和族田、族产的丰盈、实力而定。一般为数开、数进的宫殿式建筑，富裕家族的祠堂也是异常的富丽堂皇，有二三十区的房宅。

祠堂里一般塑有先祖塑像，或悬挂祖宗图像，安放祖先的神主牌位，书写祖宗名讳、生卒年月，原配、继配的姓氏。有的红底黄字，有的蓝底黑字，被认为是祖先的亡灵所在，因而也叫“灵位”。灵位的安放也有一定的规矩：正中神龛最为崇重，安放、供奉本族始祖；左龛为“崇德”，供奉有功名出仕、德泽于民的先祖；右龛为“报功”，供奉捐资赠产、大修祠堂、购置族田、创办义学等有功于本族的先祖。此外，其他的历代祖先则按“左昭、右穆”的顺序分别安放于偏殿、侧室。除受到出族之罚外，一般男子死后其神主牌位都进入祠堂。也有部分族人，因不敬祖宗，出家为僧，或娶娼妓为妻及操业卑贱因而不得参加考试者，均不得在宗祠立位。

安徽翕县潘氏宗祠

在宗祠中举行最隆重的仪式是对祖宗的祭祀。大多数宗族每年举行春秋两祭。也有些宗族只举行春祭，也有的宗族实行四时祭祀，即每年春、夏、秋、冬各祭一次。具体时间无统一规定，多在民间传统节日，如清明、夏至、秋分、冬至、春节进行。遇有子孙科举、或晋升官爵、或受朝廷的恩荣赏赐，也可开祠堂特祭。在祭祀日的前夕，有关执事人员应清扫宗祠，布置祠内的享堂，并按照本族的祭规准备好各色祭品。祭品不应过奢，但也不得数量不足，或质量稍次。大祭前执事的子孙应先期练习祭仪，“务令骏奔娴熟，赞唱清明”，不得在祭祀时弄出差错，并有明确分工：有主祭人、分祭人、司赞、司祝、司爵、司筵、纠仪等执事人员，分别负责主持、司仪、读祝祠、管祭品、祭器、纠察纪律等。在祠祭日，合族成年男子都应与祭。即便散居到数十里、数百里以外，每年或两三年也须与祭一次。族众于祭日的清晨务必风雨无阻，按时聚集，不得迟到。与

清代家族祖先神轴

孔庙祭祖仪式

祭者必须身着礼服，衣冠整肃，不得蓬头赤足，或身着短衣小帽。同时，不少宗族除禁止妇女入祠与祭外，还禁止孩童与祭。这是唯恐小孩不懂事，会吵闹、捣乱，破坏祭祀的肃穆气氛。祭祀开始后，族众应依照辈分列队，不得先后羼越。在按祭规行礼时，不得草草敷衍，也不得乱言、戏谑、喧哗。

祭祖的原则是“必丰、必洁、必诚、必敬”。其中最根本的是“敬”，就是对冥冥之中的祖先心存敬畏，虔诚信奉，“事死如事生”。祭祀祖先最主要的礼仪是“三牲、三献”与“尸祝”。“三牲”是指牛、羊、猪三种供品，也称“太牢”，古代只有帝王、圣贤才能享用。二品以上官员可用猪羊各一只，五品以上用羊一只，五品以下人家，只用猪一只，猪羊供品，统称“少牢”。三献是“初献、亚献、终献”三道上供程序。“尸祝”是指替死者受祭，象征死者的人，称为“尸”，对“尸”致祝辞和代神传话的人为“尸祝”。“尸”一般由臣下或晚辈充任，后世改为用神主、画像来代替。

祭祖的大致程序是：①主祭人向祖宗神位行礼；②族长离开享堂，迎接牺牲供品；③初献：在供桌上摆放筷子、匙勺、盏碟；④宣读祝辞；⑤焚烧明器纸帛；⑥奏乐；⑦族人拜祖；⑧二献：上羹饭、肉；⑨三献：上饼饵菜蔬、果品（在初献、二献、三献之间，都有上香、礼拜等仪式）；⑩撤去供品；⑪族人会餐（古人称为享胙），分发供品（也称散胙）。

但在实际祭祖程序中，三牲、供品、祭器香烛都是事先陈设整齐，届时由主祭人带领族人跪拜、致祠，程序上大为简化。祭祖的经费开支，一般由族田、族产公共收益中支出，若有不足部分则由族人捐助或摊派。

2. 族权宗法的象征

宗祠、祖庙是朝宗祭祖的圣殿，也是族权宗法的象征，凡是族中的重大事宜，均要在祠堂中议定，按族规宗法进行处理。因而宗祠也成为行使族权宗法的场所，具有宣扬教化伦理、凝聚约束族人的重要功能。在“宗君合一，家国同构”的封建社会，族权和宗法乃是政权和国法的延伸和补充，宗族组织就是维护国家机器、推行政策法令的基层组织和有效工具。在长达两千多年的封建宗法社会中，宗族作为社会特有的普遍性组织，对社会的政治、经济、文化的发展有着很大影响。尤其是明清以来，族权被官方正式承认，成为辅助国家政治、维护封建统治、推行各种制度的有效的组织机构。

首先，宗族内实行严格的族长制，族长集一切权力于一身，避免了族内因权力之争引起的混乱。祠堂的设置、各类族规的制定以及其他典章制度的实行，对族人的思想、言行严格控制，将其约束在封建伦理道德的说教下，使等级差异、贫富不公等许多矛盾相对得到掩盖，避免因其激化而引起的社会动荡。另外，宗族的势力始终与国家政权密切相连，宗族内部政治、经济的稳定发展，保证了国家政治的稳定延续，二者相辅相成。

祠堂的管理之权，一般由长门嫡派出任族长，主持管理，并选派族中子弟负责日常有关事务，按照族规家法严加管理。在平时，族众应维持宗祠庄严、清静的氛围。祠堂应锁闭大门，从耳门出入。在祠内不得堆放粮食、柴草、棺木及其他杂物，不得让人借宿，不得让工匠做工，特别是不得在祠内聚赌，或是将宗祠赁于他人。有些宗族特许族内的文人在祠内读书或会文。到明末清初，不少宗族还利用祠内的空房来兴办小学。不过，有的宗族认为宗祠“永宜清静”，唯恐“异姓杂处，有亵先灵”，因而一直禁止将宗祠作为办学的场所。对于祠内的财产，禁止族人私自借用。也有些宗族允许族人在婚、丧诸事时借用祠内器用什物，但在事毕后应立即送还。为维护宗祠，有些宗族雇用专人来进行管理。一些宗族则由各房或各支来轮流“值年”。在宗祠的房屋有所损坏时，他们就应及时进行维修。

其次，在传统农业经济结构中，宗族促进了小农经济的稳定发展。小农经济的特点是以家庭为单位的一家一户的自给自足，既直接影响了先进技术和经验的推广，又不利于水利、道路公共设施的建设。另外，以家庭为单位的个体生产在与自然的抗争中，常显得力量不足。个体小农力所不及之处，正是宗族发挥功能的地方。宗族利用自己的群体形式，联合各独立的家庭在一定程度上缓解了个体小农因自我封闭在提高生产率与发展经济上造成的阻碍。特别是宋朝以后，范仲淹创办了义田、义庄，许多强宗大族纷纷仿效。义庄、义田的设置，既能赈济贫困的族人，又发挥了经济上自助救济的社会职能，从而使族人在维护极低生活水平的基础上，稳定了家庭和个体小农经济。

一些较大的宗族都有其公共族产，而这些公共族产的收入相当一部分用来维修宗祠、祭祀祖先。族产的来源主要有以下几个方面：其一是捐助和摊派。例如，开沙许氏规定，有家资五百贯的族人，每岁捐钱五百文；一千贯者，每岁捐钱一千文；一万贯者，每岁捐钱一万文。每有男婴出生，也须向宗族交纳五百文。其二是罚款。罚款是很多族规普遍采用的惩罚方式。对违反家法族规者几乎都处以罚款，罚款的条款各族不同，金额多少不等。其三是办事费。在很多宗族中，族人死后的神主进祠堂等都要交纳一定的钱款，作为宗族经费。如甬东湖下应氏规定，要将一个牌位放进祠堂，须付进主钱一千二百文。此外如续修家谱、举办慈善事业及涉及全族的大事，都要向族人摊派。其四是来自于遗产。不少宗族都规定，如死者要立继，应将部分遗产归公；无后的族人，其财产均收归祠有。其五是族田、房租等固定的收入。大多数宗族的族产是土地。这些土地主要用于维修和祭祀祖墓的，叫做墓田；主要用于学塾开支的，叫做学田；主要用于救济贫苦族人的，叫做义田。同时部分宗族在城镇里还有一些房产及店铺。一些大族，特别是南方大族，还有一种特殊产业，叫做义庄。义庄与义田的收入都用于救济贫苦的族众。对于族产，几乎所有宗族都奉行只许买进不许卖出这一单向流动的原则。子孙有“永远保守”族产的职责，典卖这些产业者，即会被视为不肖子孙。

一般情况下，族产由尊长们选择正直老成的族人来经理。另一些宗族的产业则由各房轮流掌管，叫做“值年”。为了防止经理者贪污舞弊，很多宗族备有专门的账册，要求经理者详细登录开支情况。到来年初，他们应将开支项目向族众公布，或由接替者仔细查核。如发现滥用或侵吞族产的行为，不仅当事者会受到赔偿、罚款、出族等惩罚，甚至该房也会受到永远取消值年资格之类的惩处。

维护宗法的典制　修身齐家的准则

中国传统社会是一个家天下的社会。在“宗君合一，家国同构”的封建宗法社会里，家庭和宗族是国家的基石，直接关系到政权统治的稳定和长治久安。宗族经过历代王朝的倡导和经营，形成了一套以“保甲为经，宗法为纬”的基层统治网络。皇权依赖于族权，国法得益于家法。家法、族规成为国法的延伸和补充。

一个以血缘传承为脉络的家族，把众多族人团聚在一起，形成一个同财共居的大家庭之后，族大、人多，关系复杂，就需要制定一些规范族人的相互关系，约束族众的思想行为和伦理道德。这些规矩、办法，开始是习惯上的约定俗成，即由族长口头规定几条，族人共同遵守，后来形成条文，写在纸上，就是成文的族规、家训、家诫。

族规、家训作为宗法制度的产物，在封建社会前期就已经出现。例如东汉马援的《诫兄子严、敦书》，就是讲子侄等晚辈如何读书做人的道理，就其内容而言，可以说是封建家训的雏形。而北齐时颜之推编撰的《颜氏家训》，则已经是比较完整意义上的家训了。在宋朝以后的封建社会后期，在程、朱理学的影响下，家训族规迅速发展起来。每个家族必有一部以至数部家训、族规，大部分被编集在各个家族的家谱之中，是家谱的重要组成部分，有的还被传抄、翻刻，在社会上广为流传。内容一般都有所谓重纲常、祭祖宗、孝父母、友兄弟、敬长上、亲师友、训子孙、睦邻里、肃闺阁、慎婚姻、严治家、尚勤俭、力本业、节财用、完国赋、息争讼等项目，是家庭、家族中父祖等长辈教育子孙如何做人和修身齐家的诫勉之辞，以及规范家族和族众思想行为的道德原则和注意事项。不同家族的家训族规有着不同的侧重点：有的侧重在思想修养方面，教育子孙按照封建道德的要求，做正人君子；有的侧重在礼节仪表方面，要求子孙对父祖、晚辈对长辈表现出顺从、谦逊、恭敬的态度；更多的则是侧重在行为准则方面，告诫子弟族众那些事应该做，那些事不能做，明清时期各地家谱中所收载的家训族规大都属于这一类。由于各地区的风俗习惯不尽相同，各家庭、各宗族的政治、经济、文化等背景也不相同，因而他们订立家法族规时的指导思想并不完全一致。不过，绝大多数家法族规都体现了下列三个基本原则：

第一，合乎礼教。当时社会上占统治地位的思想，是传统的儒家思想。在订立家法族规时，大多参考了宋代理学家朱熹撰写的《朱子家礼》，使这些规范体现了礼教的精神，其核心即三纲五常。尽管家法族规很少涉及国家，并没有积极宣扬“君为臣纲”思想，但是众多的家法族规确以“父为子纲”、“夫为妻纲”为基调，充分体现了父子、男女之间的不平等。例如，几乎所有的家法族规都将忤逆父母列为最严重的罪行，要予以笞责、鸣官直到处死等最严厉的惩罚。而大部分家法族规几乎都没有提及父母对子女包括继子的虐待也是罪恶，没有规定对这些凶狠的父母也应予以惩罚。

第二，注重教化。绝大多数家庭和宗族订立家法族规的主要目的之一，就是“明刑弼教”、“修身齐家”，用大量的篇幅娓娓不倦地教诲子孙如何立身处世，并作出对于违反者应予处罚的规定，寓教于罚，旨在使失足的后裔迷途知返，并起到惩一儆百的作用。此外，大多数家法族规还十分注重奖劝，以多种方式奖励能提高家庭、宗族社会地位和声望，拯救家庭、宗族于危难之中的人物，为之树碑立传，载入家谱，从而树立正面典型，供全家、全族效仿，甚至作为子子孙孙学习的楷模。

第三，符合国法。我国很多族规、家训的制定者们都认识到，家法族规应参照国法、合乎国法。如宜荆朱氏指出：“家法必遵国宪，方为大公”。使家法族规符合国法，不与国法相冲突，这是当时的家庭、宗族能够在社会中安全地生存和发展下去的前提之一。否则，后果是不言自明的。可见，国法也是家法族规的源头之一。同

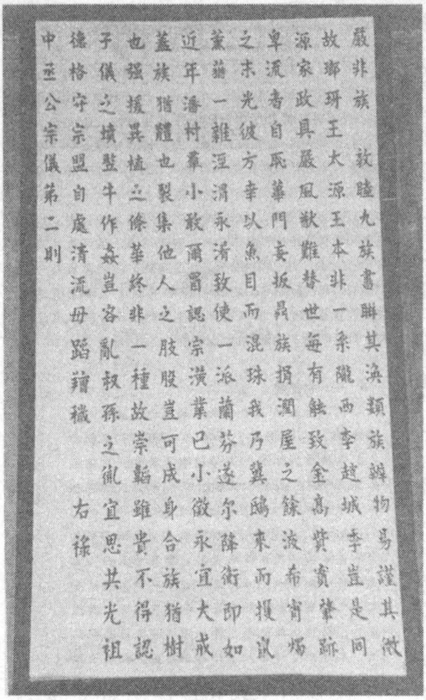
嚴非族 敦睦九族書聯其渙類族辨物易謹其微
故琅琊王太源王本非一系隴西李趙城李豈是同
源家政具嚴風歎難替世無有觖致全高贊賞肇跡
皋流者自處華門妄扳異族攬潤屋之餘波希冑嫡
之末光彼方幸以魚目而混珠我乃冀鷗來而擾亂
薰蕕一雜涇渭永清致使一派蘭芬遂尔降銜即如
近年潘村羣小敢爾冒認宗潢葉已小徽永宜大戒
蓋族猶體也裂集他人之肢股豈可成身合族猶樹
也强援異植之條華終非一種故崇黜雖貴不得認
子儀之墳盤牛作姦豈容亂叔孫之亂宜思其光祖
德格守宗盟自處清流毋蹈覆轍 右祿
中丞公宗儀第二則

安徽舒氏族规

时，有些家法族规的订立者还将这些规范当做国法的补充。

族规、家训作为家族文化的重要内容，既有宣扬纲常名教、维护封建等级秩序的消极因素，但也总结了历代“修身、齐家”的历史经验和教训，蕴涵着中华民族的许多传统美德，对于今天加强家庭道德教育，规范青少年的社会行为，巩固安定团结的政治局面，促进精神文明建设与构建和谐社会，都有一定的现实意义和积极作用。

从历代族规家法的内容来看，主要包括以下四个方面：

第一，倡导尊老敬长、团结友爱、和睦相处、和衷共济的伦理道德。

在几乎所有的族规家训中，都把“孝悌”二字作为治家教子的基本格言。孝，是指儿女子孙对父母长辈的尊敬和奉养；悌，是兄弟间友爱团结。“孝悌”是人类进入文明社会以来的基本伦理，进入封建社会，尤其宋代朱、程理学盛行之后，更成为评判人格、品德的重要标准。孝、悌成为封建伦理的核心。有所谓“百善以孝为先，忠臣出于孝子之门”的说法。常州《陈氏家谱·家规》明确规定：“小儿甫能言，则教以尊尊长长，稍就学，则教以孝悌忠信礼让廉节。”要求子女对父母长辈赡养要丰，侍奉要敬。根据礼教，卑幼者对尊长必须毕恭毕敬，不得与长辈平肩并坐，不得直呼长辈的名字，也不得呼其名号、表字，否则就是“以卑狎尊”。在卑幼与尊长有所纠纷时，幼辈必须处处忍让，不能顶撞尊长。要是卑幼与尊长发生了冲突，即便错在尊长，卑幼也往往会首先受到惩罚。如章溪郑氏规定，尊卑发生争论时，尊长“如恃尊凌卑，有所侵夺”，卑幼可告诉宗长，由宗长来处理。但“若卑犯其尊”，宗长就要“先责其犯上之罪”，而后再辨别这一争论的曲直。与此同时，很多家法族规还规定，尊长应自重自爱，切不可以尊凌卑。对于无理欺压卑幼的尊长，不少宗族还会予以惩罚。如峒岐谢氏规定，“若恃尊凌卑，恃长凌幼，甚或藉端起衅，谋害族中，此等尊长，实为族蠹”，“理宜公同议逐，使无贻害于后”。可见，虽然卑幼必须敬重尊长，但在家法族规面前卑幼和尊长仍是相对平等的。

为了便于区分族人的辈分，很多宗族都设定了本族的“字派”，即同一辈的子孙，其名字的中间一字必须使用的是同一个字。不少宗族还将它们编成押韵的诗歌。如韶山毛氏的“字派”，为“立显荣朝仕，文方运际祥。祖恩贻泽远，世代永承昌。孝友传家本，忠良振国光。起元敦圣学，风雅列明章”。在规定了“字派”的宗族中，族人在取名时不得犯字派，不得犯祖宗的名讳。遇上这种情况，宗族就会要求他们改名，否则，便会予以革谱等惩罚。

众多的家法族规都强调，族人应互相关心帮助。这叫“敦族谊”、“和宗族”。这是因为合族之人都是始迁祖一人的后裔，因而对一家一房来说，族中人有亲有疏，而对祖宗来说所有的族人都是他的后裔，他都是一视同仁的。因此，作为同一祖先的后人，就应该互相关心，不能“鸡犬之声相闻，老死不相往来”。族中人有婚丧嫁娶等大事，都应该积极参加，尽力帮助。

很多家法族规都规定，对于屡遭颠沛、迭遇凶荒的族人，以及父母早丧、家业凋零的孤儿，血缘关系较近的族人应助其衣食，动用宗祠的公积金来加以周恤。建有义庄的宗族通常也给孤儿寡母以及孤寡的老人分发较多的粮食、棉花及钱物。

若干宗族不仅为贫苦的族人救一时之急，还帮他们成家立业。如紫江朱氏对贫苦子弟，视其“才力”，即看他们适合从事什么职业，来决定如何设法帮助，或是凑集本钱，让他们做点小买卖；或是划出些田地，让他们承租耕种。如果是聪颖的子弟，则出资帮助他们就学，"俾得发名成业"。徽州等地一些注重经商事贾的宗族，则会给族中贫苦的子弟提供进店学艺的费用，并在他们满师时再为他们提供一点经商的本钱。对于节妇的子弟，不少宗族给他们以更多的帮助。常州屠氏就特设恤孤家塾，免费让贫苦节妇之子入塾读书，并在他们出塾谋生时赠送"衣履之费"。还有些宗族设立了一些专门用于济贫的基金。例如，丹徒陈氏规定，资产素丰的族人在婚娶之时应"输赀于祠"，作为宗族的积累。日后族中有贫不能娶者，宗族即以此款酌量资助，使他们得以成家。

第二，教育子弟"力农务本"，克勤克俭，宽厚忍让，严于律己，读书上进，光宗耀祖。

历代家训族规大多有"劝勤俭"或"戒奢侈"的条目，阐述勤俭为本、勤俭持家的道理，提出骄奢可以败家亡身的警告，劝谕子孙族众克勤克俭、戒骄戒奢。会稽顾氏家训说："勤俭二字，古人谓众宝之门，入之则成，出之则败。是以大贤君子，虽处卿相之位，而俭约如布衣。"昆山朱氏家训专列"论勤俭"一章，详细论述治家持身的勤俭之道，说："勤与俭，治生之道也。不勤则寡入，不俭则枉费，寡入而妄费则财匮，财匮则苟取，愚者为寡廉鲜耻之事，黠者入行险徼幸之途，生平行止，于此而丧。"在这里，把治家和持身的勤俭与奢侈同人的品行修养联系起来，论述若一味追求生活上的奢侈享受，经济条件又不允许时，就必然会走到鼠窃狗偷的路上去，做出丧失廉耻的事，教育子孙本分地读书做人，加强品德修养，从提倡勤俭开始。这种见解是相当深刻的。所谓"黎明即起，洒扫庭除"，"一粥一饭当思来之不易，半丝半缕恒念物力维艰"，就是昆山朱氏提出来的，后来成了人们常用的勤俭持家的格言。

人和人的相互关系上能否做到忍让宽厚，严己宽人，从根本上说，是表明了人们对于金钱、物质利益的态度。这是区别君子、小人的一块试金石。家训族规中有大量的内容是提倡这种乐于吃亏、莫占便宜、宁人负我、勿我负人的传统品德的。如宁都魏氏家训说："我不识何等为君子，但看日间每事肯吃亏的便是；我不识何等为小人，但看日间每事好占便宜的便是。"明代杨继盛在狱中写的《训子语》，是一部很有社会影响的家训，其中他教育儿子们的"与人相处之道"，就充分地体现了那种乐于吃亏、不贪便宜、宁人负我、勿我负人的传统品德："与人相处之道，第一要谦下诚实……宁让人，勿使人让我；宁容人，勿使人容我。宁吃人亏，勿使人吃我亏；宁受人气，勿使人受我气；人有恩于我，则终身不忘；人有怨于我，则即时丢过。"

忍让、宽厚、吃亏、不占便宜等道德观念，在阶级社会里是有阶级性的。封建家训族规提倡这些东西，即使在当时的历史条件下，真正做到的微乎其微。但作为一种处理人际关系的道德原则，确是值得提倡的优良品德。

教育子孙读书明理，处世做人，是历代族规家训中的一大特色。如任丘边氏家训说："天下事利害常相半，有全利而无少害者惟书。能令子孙饱读古人书，便是人间三岛。"再如《五华缪氏家训》说，子孙虽守本分，"若不读书晓理，块然如土偷木偶，则亦何用。"常州周氏家训也说："子孙赋性虽愚，父兄即家贫力薄，经书不可不读。"封建家族认为有百利而无一害的书，自然是指语录时文、四书五经，他们并不主张凡书皆可读（例如许多家训族规在提倡认真读书的同时，严禁子弟读淫书、邪书），但他们确实比较深刻地认识到读书好坏对于一个家族兴衰的重大关系，所阐述的道理也比较深刻。

关于读书的目的和态度，多数封建家族势力固然都十分卖力地鼓吹"万般皆下品，唯有读书高"，"祖宗富贵自诗书中来"，"光大门户，断在读书"，要求子孙族人努力读书，应举做官，光宗耀祖，扬名显亲。但也有一些颇有头脑的家长、父辈主张读书应先求义理，变化气质，探寻学问，学做好人，教导子孙族人正确处理读书和做人、读书和科举的关系，千万不要单纯追求功名利禄，忘记了书中的道理和做人的品格。如昆山朱氏家训，明确提出子孙读书的目的应是讲求义理，学做好人，反对单纯追求章句辞藻，更反对专为科举而读书。它说：“圣贤之书，不为后人中举人进士而设，是教千万世做好人。”又说：“读书先论其人，次论其法。所谓法者，不但记其章句；做好人之读书，未尝不解章句，而其重究竟只在义理。”那种义理、章句都不探求，只以读书来装点门面，文过藏拙，“胸中记得几句古书，出口说得几句雅话”，别的都不知道，是子孙们尤要切忌的。《五华缪氏家训》也告诫子孙：“若读书不务学问，徒藉此为名者……不若做一闲人。”

这种教子读书、求知识、学做人的家庭教育，不仅在当时有其积极的作用，即使在当今社会中，也是值得借鉴和继承的优良传统。

第三，讲究文明习俗，注重社会风尚，劝诫子弟不要沾染恶习，是历代家戒族规的又一特色。

封建家训族规主张整顿的不良社会风气、要求革除的恶习陋俗，主要有以下一些：

①反对迷信阴阳风水、讲求厚葬、大办佛事道场的殡葬陋俗。主张从速从俭葬亲，切莫因丧事弄得破产丧家。如前所述，在封建社会中，对父母祖先生养死葬，是孝的起码要求，也是子女晚辈应尽的社会义务，因此葬亲是家庭、家族中的一件大事。长期以来，社会上形成一种追求厚葬、大作佛事道场、追荐超度亡灵的陋俗，弄得有的人破家葬亲，甚至以此为荣。那种迷信风水阴阳，认为祖坟葬于吉地，子孙必然大富大贵的风气亦十分流行。有的子孙为等到风水宝地，长期停柩不葬；有的为谋取他人的所谓吉地，设谋隐害，甚至伤天害理，诉讼连年。面对这些坏的社会风气，许多家训族规都主张进行整顿，革除这些陋俗。如西林岑氏家训规定，亲死要从速下葬，不准“用僧道，设斋醮”，教育子孙不要相信超度亡灵、忏罪资福的无稽之谈。如果死者生前确有过恶，孝子贤孙就应

当加倍修德行善来弥补，这是对死者最好的超度。如果族中有“或羁束于仕宦，或拘忌于阴阳，或贪求夫吉壤，至有累年而不葬者”，“绅则不许入官，士人则不许赴举”，并“严立禁约，毋染颓风”。

②主张男婚女嫁，注重人品，莫贪钱财。如昆山朱氏家训要求：“嫁女择佳婿，勿索重聘；娶媳求淑女，勿计厚奁。”长沙谢氏家训把计厚奁、索重聘的陋习的危害说得十分透彻：“近来俗尚侈靡，富者踵事增华，贫者亦强求饰美，每因婚嫁之受累，遂致家用之空虚，甚至门户萧条，亲戚相弃，悔之晚矣。”并劝谕族人：“与其奢侈而取困穷，曷若节省以重久远，且为儿女惜福！”

杀牛祭祖先

第四，严禁子弟沾染社会上的恶习，主要是禁止子弟嫖妓、赌博、酗酒、斗殴等。

嫖、赌、酗酒、斗殴等恶习，在任何时代，均为法律和道德所不容，但它们仍然像瘟疫一样在社会上传播，对人们尤其是年轻人起着腐蚀作用。封建的家训族规倡导正风澄俗，整顿社会不良风气，也包括打击和革除这些社会上的恶习。不少族规家法对于犯禁子弟，轻则训诫、责打，重则送官究治，革除族籍。

综上所述，我们不难看出，族规家训，作为家族文化的重要内容、家庭教育的基石，虽然产生于封建宗法社会，带有浓厚的封建意识和等级观念，特别是带有“三纲五常”等庸俗、陈腐的道德观念，是长期以来束缚人们思想的精神枷锁、维护封建统治的工具，含有大量的封建糟粕，但其中也包含了历代人生哲理和历史经验的总结，保存了中华民族的许多优良传统美德，对于强化家庭美德教育、规范伦理道德、促进社会主义精神文明建设，仍有一定的现实意义。

第七章

家族文化的表征 世系传承的编码

——姓氏楹联与字辈排行

姓氏楹联和字辈排行，载录姓氏渊源、传承世系、家族风范、名贤圣德、遗闻逸事等重要内容，是区分姓氏、族别、宗支衍派、亲疏、长幼的重要依据，具有凝聚血亲、寻根认祖的社会功能，是宗祠、族谱中不可或缺的重要内容。汉魏以来迄于清代，无论是小姓大族、高门寒第，都有其约定俗成的楹联、字辈。及至现代，仍有相当一部分姓氏、家族延续使用，在港、台地区和海外侨胞中更是十分普遍。

门榜堂联标家世　读联知姓辨族系

楹联俗称对联，表明家族姓氏的楹联则称为“家联”、“堂联”，题写、张贴于家居民宅门上的谓之“门榜”，悬挂、镌刻于宗祠、祖庙的匾额、门庭、廊柱之上的多称为“堂联”、“祠联”。

姓氏楹联起源悠久、流传广泛、内涵丰富、文辞精美，多为文人学士、名流巨匠所题铭，有很高的艺术价值和学术价值，历来深受文人雅士和研究工作者的重视和青睐。早在 20 世纪 30 年代，上海会文堂新纪书局出版的《联对作法》中，就将姓氏楹联列为专章，予以评介。1999 年 9 月河南中州古籍出版社出版的《中华姓氏对联鉴赏》（李文郑编著），收录的姓氏楹联达2000余副。近年来，在新修、续修的各姓氏族谱、家乘中，也多附有姓氏楹联文章。如河东裴氏在整理、编撰裴氏宗谱时，就曾专门编撰出版了一本数十万字的《绿野堂楹帖》（裴显生、裴国昌编审，香港明星国际出版公司印行），辑录了两汉至现代的裴氏楹联。

姓氏楹联从其内容和用途上来看，大体可分为：通用楹联、专用的门榜堂联、杂咏题联三大类别。

通用楹联即各个姓氏可以通用的姓氏楹联。主要题刻于宗祠、祖庙或刊印于族谱、家乘中。其内容多为崇拜祖先、报本思源、敦宗睦族、光耀门庭、诫勉子孙的传统伦理。如：

祖功宗德源流远，子孙贻谋世泽长；

祖恩浩荡绵世泽，宗德无疆裕后人；

身范克端绳祖武，家规垂训贻孙谋；

黄子炎孙，孝友一堂，赫赫矣紫云百姓，宗功祖德，蒸尝万古，巍巍乎佳里宗祠。

这都是各姓氏家族可以使用的常规套语，是姓氏楹联中的通用模式。

专用的“堂联”、“家联”、“门榜”则是只能用于某一特定的姓氏，或某一特定的堂号，甚至是仅限于某一支派，不得张冠李戴，随意滥用。

比如：“三省传家”，这是曾姓的专利。其典故出自孔门高足曾参的名言：“吾日三省吾身，为人谋而不忠乎？与朋友交而不信乎？传而不习乎？”稍有点国学、古文知识的人，一看便知这是曾子的后裔。若“门榜”书为“三余门第”，则是董姓后人。典出三国时魏人董遇，因其常教子弟利用“三余”时间读书，即“冬者岁之余，夜者日之余，阴雨者时之余。”

再如“阙里一脉”是孔姓的专利。因孔子世居山东曲阜阙里，为名扬海内外的“至圣先师”、儒家鼻祖，天下孔姓后人多与曲阜孔氏通谱，以此来标榜出身高贵，是孔圣人族属和后裔。

又如“弘农世泽”、“清白传家”则是杨姓的门榜、堂匾。其典出自东汉太尉杨震。杨震世居陕西弘农，一生为官正直清白，故以“弘农世泽”、“清白传家”享誉后世。

此外，如张氏的“清河世泽”，李氏的“凤鸣世第”、刘氏的“彭城世系”、牛氏的“五经传家”、卢氏的“范阳名族”、董氏的“江夏世家”、邓氏的“南阳世泽”、吴氏的“延陵世泽”、郑氏的“荥阳氏家”、郭氏的“汾阳世泽”、蔡氏的“儒林门第”、范氏的“文正家声”……都是某一姓氏的专用门榜和匾额。

由于门榜和匾额字数所限，因而内容较为贫乏，多是标明姓氏的郡望所在。相形之下，祠联、堂联就显得丰富典雅，内涵深厚、广博。

如朱姓家族常用堂联是：“鹅湖氏族，鹿洞家声。”说的是南宋理学大师朱熹。上联的“鹅湖”是指今江西铅山，朱熹曾在此与陆九渊讲伦理学；下联的“鹿洞”是指今福建厦门的风景名胜区白鹿洞，是纪念朱熹振兴白鹿书院的事迹。

又如：冯氏有一副祠联是：“父号万石，子通四经。”上联说的是西汉时繁阳人冯杨，汉宣帝时官弘农太守，八个儿子都做到二千石年俸的大官，父子年俸在万石以上，故称“万石君”；下联说的是西汉上党潞城人冯奉世，宣帝时出使大宛，击破莎车，因功封左将军，四个儿子各精通一门经学：冯野王通《诗经》、冯逡通《易经》、冯参通《尚书》、冯立通《春秋》，故称“子通四经”。

姓氏楹联中还有一种题材更为广泛，形式上也较为自由，不受宗祠堂号制约的“杂咏题铭”。举凡姓氏源流，英贤俊杰，逸闻掌故，皆可入联。但其内容相对集中，更加凝练，既可用作堂联、祠联，也可入选文集、杂录，多是咏史、怀人的即兴之作。

如赵氏有一副对联是：

乃祖曾以半部论语治天下，后人当以千秋俎豆祭堂前。

本联所题咏的主人翁是北宋年间宰相赵普，他先任赵匡胤的掌书记之职，策划了陈桥兵变，助赵匡胤夺取天下，在宋初任宰相，多有政绩。他年轻时读书不多，喜欢《论语》，他曾对赵太宗说：我生平所学，都不出《论语》一书，我过去以半部《论语》助太祖而得天下，现在我要用半部《论语》助陛下治理天下。

再如，孙氏有一副楹联是：

兵家之祖，循吏之宗。

上联说的是春秋时军事家孙武，字长聊，齐国人，以《孙子兵法》十三篇著称于世，被后世尊为“兵家之祖”；下联说的是春秋时楚国令尹孙叔敖，执政期间，吏无奸贪，盗贼不起，被列为做官典范，《史记·循吏传》将他列为循吏第一，故称为“循吏之宗”。

从传世的姓氏楹联来看，通用祠联极少。大多是专用堂联、祠联和杂咏题铭。从其内容来看，大致可分为：咏人、铭史、载物、记事、弘扬传统、敷陈教化等类型。

弘扬家世　光耀门庭

如王姓，向有“中华第一姓”的称誉，人才辈出，代有英贤，以文治武功著称于世。有的王氏子孙便撰成一联，炫耀门庭：

辅国有先声，宋相元藩明督抚，
传家无别业，唐诗晋字汉文章。

这是湖南邵阳王氏一副祠联。上联的“宋相”是指北宋政治家、文学家王安石，为江西抚州临川人，庆历年间进士，宋神宗时拜相，极力提倡变法革新，实施了青苗法、保甲法、均输法、农田水利法等一系列新法，史称“王安石变法”，后封荆国公。王安石在文学上也颇有声誉，被称为“唐宋八大家之一”。“元藩”是指元代沈丘人王保保，为平章察罕帖木儿外甥、养子，元顺帝赐名扩廓帖木尔，历官太尉、中书平章政事（即宰相），封河南王，总督天下兵马，屡与明将徐达交战，被明太祖朱元璋称为“奇男子”，为元代著名人物。“明督”指明代哲学家、文学家王廷相，字子衡，仪封人，弘治年间进士，曾任四川巡抚，官至南京兵部尚书，与李梦阳、何景明等并称“前七子”，著有《雅述》、《慎言》等。

下联“唐诗”指唐代诗人王勃、王维、王之焕、王昌龄等。“晋字”指晋代书法家王羲之、王献之父子。“汉文章”指东汉哲学家、思想家王充，字仲任，浙江上虞人，少时游学洛阳太学，博览群书而不拘泥章句，一生致力于反对宗教神秘主义和唯心论，是我国古代著名的唯物主义无神论者，著有《论衡》一书。

再如，湖北黄山萧氏祠堂有这样一副楹联：

汉代宗臣裔，梁朝帝子家。

上联说的是西汉开国功臣萧何，原为沛县小吏，后随汉高祖起兵，诛除暴秦，入据关中，在楚汉相争中屡立战功，汉高祖即位后，拜为丞相，建章立制，总揽朝政，是汉代第一名相；下联说的是南北朝时梁武帝萧衍，立国称帝，划江而治，建立了南梁王朝。江南萧氏多为其裔孙衍派。萧氏子孙遂以“汉代宗臣裔，梁朝帝子家”炫耀门庭。

又如，单于氏本为匈奴王族姓氏，久居朔方塞外，被视为蛮夷部族，但在汉代，与汉天子多次联姻和亲。为此，单于氏后裔遂撰成一副楹联，以示其血统高贵，家世显赫：

联姻汉室，系出朔方。

又如，卢氏家族在魏晋、隋唐之际，一直是数一数二的名门望族，位列“崔卢李郑王”五姓七族第二，因此，卢氏族人便撰写了这样一副楹联，以示门第清高：

范阳名族，涿郡高楣。

仰慕先贤　缅怀列祖

有的家族将历史上本姓氏、家族的英贤俊杰，名人巨子的事迹，凝练升华，编撰成文，题咏镌刻。举凡王侯公卿、名臣武将、高人隐士、孝子节妇的言行事迹，在姓氏楹联中都有反映。

东汉名将马武、马援，大唐名相马周、马燧，前者以战功显赫，名垂青史，后者以文韬武略，拜相封侯，马氏子孙，引以为荣，撰成两副楹联，以记其事：

云台列像（马武），铜柱标功（马援）。

龙虎出谷（马燧），鸾凤冲霄（马周）。

唐代林披，生有九子，俱官刺史，人称“九龙”，号为“九牧林家”；其次子林藻与弟林蕴，均以文才著称，人称“双桂”，更为林氏族人津津乐道，撰成一副楹联，留传至今；

九龙衍派（林披），双桂遗风（林蕴）。

又如张氏，族大人多，英贤辈出。汉有大司马、富平侯张安世，子孙七代俱为高官；唐有名相张九龄，不仅官高位重，而且才华出众，著有《千秋金鉴录》传世。张氏裔孙十分敬慕，撰成楹联，以记其事：

簪缨七叶（张安世），金鉴千秋（张九龄）。

报本思源　传承世泽

报本思源，落叶归根是炎黄子孙固有的传统美德和文化情结，因而在姓氏楹联及宗祠题铭中，不乏追源溯流，尊祖敬宗的佳作名句。如成都太平巷李氏，就以一副十分精粹的楹联，记述了李氏自唐尧时世任理官，以官为氏（理变为李），周代李耳（老子）开宗立派的渊源所自，以及唐代临淮王后裔，南迁闽粤，入居川中的迁徙历史：

自唐及周，理官柱史遗恩远，

由粤而蜀，祖德宗功沛泽长。

再如，安徽铜陵西王村王氏，则以一副长联概括了王氏自周灵王太子晋（王子侨）得姓受氏之后，历经两汉，三国、唐宋各代由太原王到元城王、三槐王、铜陵王的基本脉络，以及西村王氏支分派别、八股一祠、子孙昌盛、门第清白的家世渊源：

自东周受姓以来，功名及五侯三公，才学列七贤四杰，

文韬武略，代有英豪，祖德溯渊源，俎豆馨香，凛凛乎秋霜春露。

从西村卜居而后，支系分千流万派，睦宗合八股一祠，

瓜衍椒繁，世相继续，子孙庆昌炽，门庭清白，蒸蒸焉身显家齐。

又如，印尼郭氏华侨系周文王之弟虢叔后裔，为报本思源，认祖归宗，在雅加达郭氏大宗祠中使用了这样一副楹联：

姓氏自姬周西虢叔而彰，历秦汉魏晋隋唐宋元明清，以迄乎今朝，奕叶相承，迭有贤豪兴异代；祠宇据印尼雅加达之胜，由高曾祖考伯仲昆季子孙，更传于后世，一翕共祀还期俎豆享千秋。

光前裕后　垂范千秋

姓氏楹联，作为家族文化的一个组成部分，除缅怀先贤、追溯家世渊源之外，还具有光前裕后、垂范子孙的教化功能，相当一部分宗支家族中，都有劝勉、训诫子孙后裔的楹联，寄托了列祖列宗祈求人丁兴旺、事业有成的期望和祝愿。

如清代名臣左宗棠，在为湖南湘阴左氏家族题写的楹联中，就以其亲身阅历、谆谆告诫后代子孙：

纵读千卷奇书，无实行，不为识字；守六百年家法，有善策，还是耕田。

表述了其历经宦海沉浮、世态炎凉的心态，期望后世子孙耕读传家、身体力行的处世方略。

再如：贵州普定伍氏宗祠楹联，则以孝悌和睦、诗书相继为其祖宗遗训，诫勉子孙：

必孝友乃可传家，兄弟式好无他，即外侮何由而入；惟诗书方能格后，子孙见闻只此，虽中才不致为非。

又如，江西万载《张氏六支族谱》所录楹联，则劝勉子孙以“忠厚”为传家之本，以“勤俭”为发家之道：

忠厚近鲁愚，毕竟传家在是；

勤俭似艰苦，须知奋迹由斯。

又如，湖南宁乡县箭楼黄氏祠堂，有一副楹联，告诫子弟，须勤劳俭朴，居安思危：

念祖父勤劳，苦作室，苦作田，燕子贻孙，总廑绸缪于未雨；

维桑梓恭敬，如临深，如履薄，服畴食德，敢忘陟降在庭阶。

摭拾轶闻　载录掌故

宗祠楹联，家族题铭，多是某一姓氏的文化结晶，具有浓厚的家族特色。不少家族，往往将其族中的逸闻掌故、嘉言懿行或遗迹胜景撰成楹联，以记其事。如弘农杨氏，汉时有太尉杨震，未仕时就读于学堂，有鹳鸟衔三鳝鱼飞集讲堂，塾师取之进贺曰：蛇、鳝者，卿大夫之服象也。数三者，法三台也，先生（指杨震）自此升矣。后杨震任荆州刺史时，有故旧昌邑令王密，深夜带十斤黄金送他，被杨震严词拒绝，王密说：“我深夜而来，无人知晓。”杨震当即指斥他说：“天知、神知、我知、你知，怎么说无人知道？”王密羞惭而退。后人便以他的这个典故，撰成一联：

三鳝呈祥，四知传家。

再如，宋代有学者周敦颐，性爱莲花，筑室于濂溪。曾作《爱莲说》，推崇莲花“出淤泥而不染，濯清涟而不妖”的品格。汉代有名将周亚夫，为太尉周勃之子，曾率军驻守细柳。汉文帝亲自前往视察，守门将士不得亚夫将令，不敢开寨迎驾，以治军严整著称。周氏后人便将这一文一武两位名人的典故，撰写成一联，引以为荣：

爱莲世泽，细柳家声。

又如苏氏，战国时有洛阳人苏秦，头悬梁，锥刺股，发愤苦读，终于学成纵横之术，身佩六国相印。又西汉时有苏武，持节出使匈奴，被扣留于北海苦寒之地，十九年持汉节牧羊。匈奴多次劝降，均严词拒绝，忠贞不屈。后人遂将苏秦、苏武二人典故撰成一联，激励后人：

引锥刺股，仗节全忠。

又如温氏，为太原望族，晋怀帝时有温羡兄弟六人，皆雄武才俊，深受朝野推重，号称“温氏六龙”，以“六龙堂”为堂号。唐代温氏又有温彦博、温彦宏、温彦将兄弟三人，均为一代名臣，人称“温氏三彦”，以“三彦堂”为堂号。后人撰成一副楹联：

六龙家声远，三彦世泽长。

由于中华民族姓氏繁多，代有英贤，几乎每个家族都有引以为荣的人物、典故，此类姓氏楹联和宗祠题铭，真是数不胜数，难以一一列举，是中华姓氏文化和家族文化中尚待开发、整理的一大宝库。

区分班辈讲派语　长幼有序论行第

字辈排行，是同一姓氏家族中按世系班辈、兄弟排行取名的一种习俗，即表明家族成员在血缘传承的链条中所处的位置。字辈排行又称派语、行第，是表示辈分高低、长幼序列的专用文字。如明代崇祯皇帝朱由检与其兄朱由校、堂兄朱由榔、朱由崧等的姓名中共用一个“由”字，这个“由”字就是朱氏字辈之一，而“校、检、榔、崧”每一字都带有“木”字偏旁，表示这一辈取名按“金木水火土”五行轮回中的“木”字旁命名。

字辈谱的用字，一般是由开派之祖，即始迁祖定的，也有在修纂家谱时，合族议定，写进谱书，具有法定的权威性。后裔子孙，依照字辈取名，一辈一字，世次分明。即使迁居他乡异地，关山阻隔，年代久远，支派浩繁，只要按字辈谱取名，就可保证同宗血脉一气贯通，班辈不乱。正如明代《太原郡王氏宗谱》所说：“行第原为合族定名分而设，使子子孙孙，承承继继，不致有干犯之嫌。故凡世家巨族，莫不皆然，事为至巨而非泛立也。”

字辈作为中国姓名系统中的重要组成部分，每一姓都有自己的字辈谱，每一男性都有自己的字辈。它充当了宗族的世系链条和血缘纽带，强有力地维系了族姓集团、血亲集团的等级身份秩序，表明了血缘关系生生不息、循序渐进的传承。至今许多姓氏仍有自己的字辈谱，仍有一些家族、家庭按字辈取名，充分显示了这种传统文化的生命力和其重要的文化功能。

字辈、排行是以血缘关系为基础的宗法制度及其等级观念的产物。由于宗法制度的核心是嫡长子继承制，只有嫡长子才天生具有对君权、族权、父权的继承权利。因此，在宗法制度盛行的先秦时期，同父、同族兄弟之间的嫡庶、长幼的区别十分重要，兄弟排行重于辈分排行。先秦文献典籍中常见表示兄弟长幼顺序的用字：伯(孟)、仲、叔、季，而少见表示辈分的派语，往往只用“昭、穆”二字来区别其辈分及传承关系。伯、仲、叔、季的兄弟排行，相当于后世老大、老二、老三、老四的称呼，明确界定了其嫡长子与众庶子的身份、地位。如周太王古公亶父的三个儿子分别叫“太伯、仲雍、季历，”表明太伯为嫡长子，享有继承权利。因幼弟季历之子姬昌（即周文王）十分聪慧，富有才干，太王欲传位于姬昌，于是太伯、仲雍远走荆蛮，断发文身，表示主动放弃权利，太王才传位于季历，再传而至姬昌。由此可见先秦时的兄弟排行十分重要，被看做是事关君位传承、宗族兴亡的头等大事。

辈分字的命名，萌芽于宗法制度解体的东汉末年，形成于魏晋南北朝时期，唐宋以来，日渐盛行，明清两代形成定制，其发展轨迹与姓氏制度的发展密切相关。

如东汉末年荆州牧刘表有两个儿子，分别叫刘琦、刘琮，二人名字都以“玉”字为偏旁；蜀后主刘禅的七个儿子，分别叫刘璿、刘瑶、刘琮、刘瓒、刘谌、刘恂、刘璩，其中五人名字中含有“玉”

字，说明名字中表示辈分的现象已经出现。

到魏晋南北朝时，辈分字的使用逐渐广泛，尤其王侯贵族中使用辈分字已蔚然成风。如东晋豪门桓彝，其三个儿子叫豁、秘、冲，相互间无统一的字辈标志。但到了第三代，即桓豁的六个儿子，分别取名：石虔、石秀、石民、石生、石绥、石康，“石”字成了他们的字辈标记。再如南朝宋武帝刘裕的七个儿子，分别叫义符、义隆、义真、义恭、义宣、义季，以“义”字为辈分字；梁武帝萧衍有八个儿子，分别名为：续、综、统、纲、绩、纶、绎、纪，都以“系”字旁表示辈分。

但是从魏晋到隋唐，在相当长的一段时间里，字辈并不被人们普遍接受，自身也未形成严谨的格式，前后字辈间无明显联系。如唐高祖李渊诸子多以“元”字为辈分标志，有元吉、元霸、元庆、元景、元昌、元亨、元礼、元嘉、元祥、元则、元懿等一大串，但也有建成、世民、云智、灵夔等例外。太宗诸子多从“心”字，如恪、愔 、恽、慎等，但也有宽、治、泰、贞等例外。而且从“元”、从“心”都看不出前后世之间有什么内在或外在的联系。到中晚唐时，字辈的使用日渐规范。如平定安史之乱的功臣郭子仪，其子侄辈都从“日”字，如晤、旰、映、曜、晞、昢、暧、曙、昕，孙子辈都从“金”：钊、铦、钒、钢、锋、锐、锜、铸等。

到宋代，由于程、朱理学的盛行，“君臣父子”的伦理观念深入人心，而私家族谱的大量修纂，促使辈分字制度日趋完善，不仅同一辈分字要求统一，而且上下世系（即辈分）之间也要求有一定的内在联系和外部表征。此时的辈分字不再是由父辈临时确定，而是已形成了整个家族的辈分字序列，列入了宗祠、族谱的规范之内。如赵宋皇族宋太祖赵匡胤的后代，其辈分字定为：德、惟、从、世、令、子、伯、师、希、与、孟、由、宜，每一辈占一个字。北宋名将杨业的八个儿子，分别叫延平、延定、延光、延辉、延昭、延郎、延兴、延玉，均以延字排名。到南宋时，此风更盛，并吸收了“木火土金水，五德终始，五行相生”的理念。如南宋大儒朱熹，其父名松，五行占“木”字，朱熹本人从“火”，儿子朱塾、朱埜、朱在皆从“土”，孙子朱钜、朱钧、朱鉴等皆从“金”，曾孙朱洽、朱济等皆从“水”。五代人占了五行相生的五个字，既能贯穿五代世系，又很容易区分五个辈分，实在是严谨、巧妙，颇具匠心。

元明两代，继承发展了这一姓氏文化特色。如明代皇室，自朱元璋以下，一概用五行字辈。明成祖朱棣一代从“木”，仁宗朱高炽一代从“火”，宣宗朱瞻基一代从“土”，英宗朱祁镇、代宗朱祁钰一代从“金”，宪宗朱见深一代从“水”。然后又是一个循环，到熹宗朱由校、思宗朱由检（崇祯）时则是第三个循环开始。

字辈谱在明代发展的另一特点是，民间也开始普遍采用字辈谱的命名方式。如元末明初，与朱元璋同时代的福建学者吴海，在为《吴氏世谱》所作“谱例”中，就明确规定：“子孙名次，从水木火土金，行为一世，五行相生，循环无穷。”由此可见，最晚从元代起，民间已普遍采用了这种“以名系世”，预为子孙拟定字辈的做法。在传世的明、清族谱中，也往往可见到字辈的记载。如创修于乾隆二年的《韶山毛氏族谱》中，就载有中湘韶山毛氏“派系诗”一首：

立显荣朝士，文方远际祥。
祖恩贻泽远，世代永承昌。
孝友传家本，忠良振国光。
起元敦圣学，风雅列明章。

毛泽东、毛泽民、毛泽覃三兄弟即是“泽”字派的排行。

通常，我们从一代又一代家族成员姓名中的每一个辈分字里看不出有什么深刻的含义，但纵观字辈谱就会发现，字辈谱的排行、用字不仅仅是子孙后代血缘网络图，而且有着丰富的思想性和鲜明的时代特征。其中以儒家宣扬的仁、义、忠、孝等观念，在长期的封建社会里受到特别的推崇。于是，以此为内容的字辈谱甚多。如江西吉安县梁氏的字辈谱为“道显家必兴，仁昌礼义乘”，把“道显”看做是“家兴”的必然条件，把“仁”看做是“至德”，而将“礼”与“义”归结于“仁”之下。

“忠君”、“孝亲”是封建时代伦理学说的主体，这在字辈谱中也有反映。如南昌罗家集韩氏的字辈谱“廷岁约用，惟君仁见”，强烈地表示只有国君才是效忠的对象。又如江西靖安熊氏的“孝友贤孙子”，及江西九江县吴氏的“孝友祯祥集”二谱，充分表达了只有“孝”才能富贵安康的鲜明思想。

此外，作为儒家学说创始人的孔子、孟子，在中国传统社会中历来享有至高无上的地位，所以字辈谱中崇尚孔孟便占有一定的内容。如南昌市罗家集李氏的字辈谱“孔孟新传日，一宗道光真”就是明显的例子。

对祖先的顶礼膜拜，祈求祖先的保佑以使子孙后代繁荣昌盛，这种传统的社会心态在字辈谱中也有反映。如江西省高安、奉新、靖安、九江等地的罗氏字辈谱“亨元会来时，贤祠遂昭穆”。“昭穆”是宗庙里祖先的牌位排列次序，左昭右穆，代表祖先。这两句话的意思为交了好运一定不要忘了祖先，虔诚地祭祀祖先，就能交上好运，就能保佑兴旺发达。又如江西靖安钟氏的“子孙永昌，宗先富长，顺龙有庆，发荣万方”，意思是说，子孙永远繁荣昌盛，是祖先恩泽绵延的结果。

另外，还有一些为当朝歌功颂德的字辈谱，如江西会昌县肖氏“大元宏运兴，开科登第显”。肖氏字辈谱作于元朝，谱中把元朝称为大元，感谢大元给肖氏带来幸福，带来家庭兴旺，带来及第荣耀。

在中国宗法制社会里，“光宗耀祖，扬名显亲”是儒士们的奋斗目标，是教育子女的行为准则。在他们看来，自己的生命是祖先给予的，自己取得的地位越高，就越是对祖先的忠孝。字辈谱中表现这一思想观念的很多，如江西会昌县麻川乡林氏的“传宗衍祥长，世代振家兴”、湖南乡宁县谢氏的“光昌兴宗德，富贵古流传”就是典型的例子。又如江西龙南廖氏“绍庭为国瑞，兴彩振家声”，一个衣锦还乡、光宗耀祖的世家形象跃然纸上。诚实可靠、忠厚老实是中国人历来崇尚的美好品德，字辈谱中对这一民族性格极为推崇。如江西九江县阳氏与冯氏的字辈谱中都有“永正大光明”一句，告诫后代要永远光明磊落。

社会和平与稳定，是每一个时代人们安居乐业的基本条件，江西九江县高氏“万世愈昌宁，至道登朝贵”的字辈谱就表达了这种强烈的愿望。再如江西瑞昌县周氏的“洪宇庆升平”，表达了庆贺太平社会的喜悦心情。

字辈谱一般是由家庭中有权势的或辈分高、有一定文化的人商量而定的，只有孔姓的字辈谱是由皇帝亲自赐给的。元代，孔氏的第五十四代衍圣公孔思晦开始使用字辈，并定第五十五代为“克”，从第五十六代开始使用由元仁宗颁赐的字辈。即现在仍在使用的字辈谱：“兴毓传继广，昭宪庆繁祥，令德维垂佑，钦绍念显扬。”后来，孔门的三大弟子孟轲、颜回、曾参三姓后裔也使用这一字辈，这四姓字辈谱称为“通天谱”，即全世界的这四姓都用这套字辈。1920 年，孔氏续修宗谱时，第七十六代衍圣公孔令贻又续订了 86 ~ 105 代的字行：“建道敦安定，懋修肇益常，裕广焕景瑞，永锡世绪昌”。

按字排辈，在中国这个历史悠久、幅员辽阔、人口众多的多民族大家庭中，不仅在汉族家庭中普遍存在，在少数民族中亦时有所见，只是在表现形式和内容上有所不同。

生活在汀西的土家族人，称讲究字辈为“论字辈”，同样是为了长幼有序、血脉分明、族系巩固。这些字不是随意取的，一般都有一定的来历。所用的字代代相传，每隔数代，轮回反复，这样就出现了年龄、辈分混乱的现象，如土家族俗语所说：四字轮，七字转，孙孙把做太公喊。

畲族内部为了统一辈分，辨别是否为本族或本姓人以及血缘的

山东曲阜大成殿

亲疏远近，各祠堂每若干年祭祖后便排行次。排字行时只有族长或参与排行之事的几位长辈才知内情，一般不向外宣布，因此畲族男女在生前都不知自己的行次，只有死后才由族里告诉家里人。排行时，先把本堂若干年内出生的人的年、月、日登记出来，按辈分和出生前后进行排行。排行中辈分的区别，蓝姓以大、小、百、千、万、念六个字为行次，周而复始；雷姓以大、小、百、千、万为行次；钟姓以大、小、百、万、念五个字为行次。在一些民族中也往往用以代替某一代祖先的名讳记入族谱家乘，如“大三郎、小三郎、念七郎”等。

西南地区的少数民族如贵州台江一带的苗族、大小凉山的彝族，排行是以父子联名的方式表达出来的。不同的是苗族为子名在先，父名在后，相互称呼时一般只呼本名；彝族是子名前一个或前两个音节与父名后一个或后两个音节相同，如以古候氏为例，其祖、父、子三代的排行：阿土古候——古候吼兹——吼兹伦得。

在一些受汉族姓氏制度影响较深的少数民族中，其使用的字辈

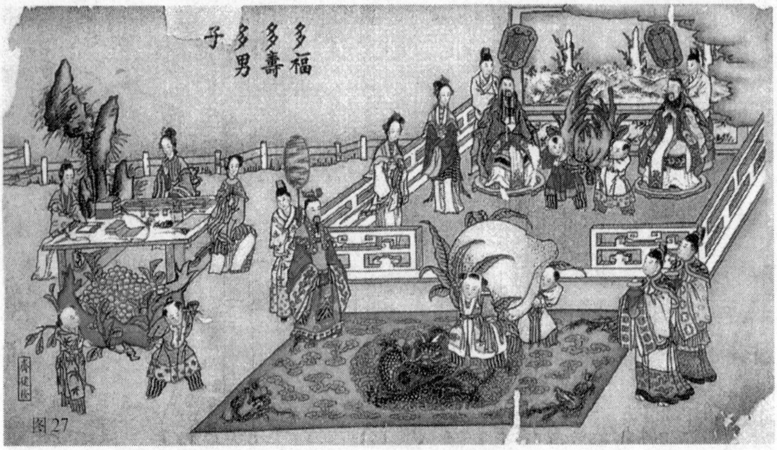

多子多福多寿图（年画）

谱，无论在内容上、文字上几乎与汉族一样。如广西罗城仫佬族银姓的字辈就是如此：

文章亨道法，老大聚恩廷，
济佩如良玉，安敦应景星。
邦家恒盛当，有则兆咸宁，
运启昌隆会，立朝万代兴。

作为中国姓氏文化形式之一的字辈谱，像一条连绵不断的生命之链，将同姓，同宗族人紧密地贯通在一起，具有很强的凝聚力和向心力。

第八章

古老的文化体系
新兴的研究领域

——历代姓氏学概述及著录提要

姓氏学是专门研究姓氏起源、发展历史及其文化内涵和社会功能的传统学科，也是与历史学、社会学、人类学、民俗学、人口学、伦理学、谱牒学等多种学科相互交叉的综合学科。由于它关乎“存亡继绝”的大事，与每个人都息息相关，世世代代延续相传，一直受到社会各界的高度重视。历朝历代都有“奠世系，掌谱系”的专职机构，民间也十分注重“别婚姻，明继嗣”的宗法礼仪。对姓氏的研究由来已久，代有传人，形成了一个学人众多、著述颇丰的文化体系。

官有专职掌谱系　代有著述传后世

中华姓氏人人皆有，代代传承，五千年来发展、演变得博大精深。依据我国姓氏发展的历史脉络和姓氏学研究的情况，大致可分为秦时期、两汉时期、魏晋至隋唐时期、宋至明清，以及鸦片战争以后到民国五个阶段。

1. 先秦时期

据文献记载，早在先秦时期，就设有专门执掌帝王、诸侯血缘世系、姓氏传承的史官。如周之史伯、鲁之众仲，晋之胥臣、郑之公孙挥、楚之观射父，均专司其事，“皆能探讨本源，自炎、黄而下，如指诸掌”。三闾大夫屈原也是专掌楚国王族昭、屈、景三姓的官员，故而在其不朽的文学名著《离骚》的开篇首句即云：“帝高阳之苗裔兮，联皇考曰伯庸”，追述自己的姓氏源流。秦时的《公子血脉谱》，也是载录相关姓氏的专门著述。

然而，由于秦始皇焚书坑儒，使一大批珍贵的文献资料付之一炬。我们现今所能见到的最早记载姓氏的著述，大概只有《帝系姓》和《世本》两种，记录了黄帝至春秋时期诸侯大夫的姓氏、世系及居邑。

此外在《尚书》、《诗经》、《春秋》、《左传》、《礼记》、《国语》及《竹书纪年》等先秦典籍中，亦可寻觅到有关姓氏的蛛丝马迹。其中《左传》对姓氏的起源、类别及社会功能的论述，较为精辟、系统，有较高的学术价值。

2. 两汉时期

秦汉以来，中国进入封建社会的发展时期。由于秦灭六国，使大批世家贵族失去了原有的社会地位，同时也产生了大批新的统治阶层。“因生赐姓，胙土命氏”、“姓别婚姻，氏明贵贱”的姓氏内涵和社会功能已失去原有的意义，姓氏通用，姓氏合一，已成为姓氏演变的一大特征。

在这一时期，有关姓氏的著述，主要是对先秦时期姓氏文化的总结、回顾，以及对当时姓氏发展演变的记录和论述。

如司马迁《史记》就引述了《帝系姓》和《世本》中黄帝以来至春秋战国时期，帝王、诸侯及卿大夫的姓氏、世系、居邑、名号等有关资料，并以“本纪”、“世家”、“世表”等体现，分门别类地记述了其姓氏源流、传承世系及支派繁衍的基本史实和发展脉络，是对先秦姓氏文化研究的高度概况和总结。

此外，为适应当时社会对姓氏文化的需求，史游以“三言诗”的形式，编写的姓氏《急就篇》，列举了当时流行的100多个姓氏，成为我国历史上第一部“姓名三字经”。

东汉以后，随着门阀制度的形成，为适应门阀世族特权阶层的需要，由班固等编撰的《白虎通义》，王符撰写的《潜夫论·志氏姓》，应劭编撰的《风俗通义·姓氏篇》等姓氏专著应运而生。宣扬了门阀世族的高贵血统，为豪强大族的联宗叙谱提供了历史依据，在姓氏文化研究中融入了浓厚的宗法色彩和等级观念。

3. 魏晋至隋唐时期

魏晋时期，以“九品中正制”选官任职，将士人划分为九个等级，登记入簿，作为选用官吏的依据。各级政府设置谱官、谱局，负责姓氏、谱牒的登录、编撰、厘定、收存。

当时，由官方编撰的“百家谱”或“百官谱”，既包括家族源流的传承世系，又包括人物传记，统称为“姓氏簿状”，具有公开的官方性质，必须得到朝廷的批准，否则视为非法。如挚虞撰写的《族姓昭穆记》，是一部十卷本的姓氏巨著，成书后进呈朝廷，以“定品违法”，不准使用。

为适应社会的需求，涌现出了一批专门从事姓氏谱牒研究的世家、大师。如被称为“贾王之学”的贾弼、王僧孺即是其代表人物。东晋时，贾弼广泛搜集当时的许多姓氏族谱，对18州116郡世家大族的门第等级，予以具体划分，编成《姓氏簿状》，共712卷，由朝廷批准颁发，是当时最重要的官方巨著，成为选择官吏的重要依据。此外，尚有南朝宋何承天的《姓苑》、齐王俭的《姓谱》、梁王僧孺的《百家谱》、徐勉的《百官谱》、北齐魏收的《魏书·官氏志》，都是这一时期的姓氏著作。

唐代，由于实行了科举制度，魏晋以来的“九品中正制”完全废弃，士家大族失去了以往的社会地位，一批新的权贵登上了政治舞台，因此，也产生了对姓氏门第重新诠释的社会需求。姓氏之学大盛，太宗李世民曾命高士廉、韦挺、岑文本、令狐德棻等四位大臣编撰《氏族志》，鉴别世系，刊正姓氏。贞观十二年（公元638年）书成，颁布天下。这就是著名的《大唐氏族志》，可惜现在已佚失了。据史料记载，《大唐氏族志》共100卷，收录293姓，1651家。其后官修的姓氏著作又有显庆四年（公元659年）成书的《高宗姓氏录》，收235姓，2287家；开元二年（公元714年）由柳冲修订的《大唐姓氏录》100卷，收录姓氏有所增加。另外，还有贾至撰《百家类例》10卷，韦述撰《开元谱》，柳芳撰《永泰新谱》20卷，张九龄撰《姓源韵谱》以及林宝撰《元和姓纂》等。

4. 宋代至清末

宋代，随着中央集权制的加强，以及隋、唐以来“九品中正制”的废除和科举制度的盛行，门阀世族制度完全衰落，官方已不再组织编修姓氏簿状。但传统的门第等级观念仍根深蒂固，私家修谱之风悄然兴起，姓氏谱牒之书仍大量刊行。主要有邵思的《姓解》、邓名世的《古今姓氏书辩证》、王应麟的《姓氏急就篇》、郑樵《通志·氏族略》、无名氏的《百家姓》、《千姓篇》以及丁维皋所撰的《皇朝百姓谱》。其中《古今姓氏书辩证》和《通志·氏族略》，与唐代林宝的《元和姓纂》，堪称今古姓氏研究的三大名著。另外，在由北宋欧阳修、宋祁等人编撰的《新唐书》中的《宰相世系表》及《宗室世系表》里，也有关于姓氏来历和各家谱系的记载。

北宋人所编的《百家姓》应当看做是我国姓氏研究的重要成果。其中收录了我国古今400多个姓氏，并对各个姓氏的郡望分布作了考证，千百年来在我国民间广泛流传，成为有影响的启蒙读物。

明清之际是我国封建社会没落时期。从汉代开始的姓氏学、谱牒学的研究，经过宋元两代的兴衰变异，至明清似有回光返照之势。这时期较之辽、金、元出现了更多的姓氏学、谱学著作，如明代有

《续通志》、《续通考》，清代有《清朝通志》、《清朝文献通考》、《八旗满洲氏族通谱》等。其中《八旗满洲氏族通谱》是一部比较全面、系统地论述北方诸民族姓氏的巨著。该书共80卷，雍正十三年（公元1735年）敕撰，乾隆九年(公元1743年)告成，历时近13年。书中对满族等北方各族的源流世系、世居地方，以及归附满洲（女真）年月做了详细记载。《清朝通志》原称《皇朝通志》共126卷，另有总目、凡例，系乾隆三十二年敕撰。本书《氏族略》为10卷，首载爱新觉罗氏，2~5卷为满洲八旗姓，6卷为蒙古八旗姓，7卷为附载满洲八旗姓，8卷为满洲八旗内高丽、汉人姓氏，9卷为汉姓，10卷为总论，记载赐氏、改氏、以部为氏、以地为氏、以姓为氏、同姓异氏等情况。以上二书是明清以来重要的官修姓氏书，对北方各族姓氏的研究颇有参考价值。私家修撰的姓氏著作有：陈湘的《姓林》、夏树芳的《奇姓通》、陈廷炜的《姓氏考略》、黄本骥的《姓氏解纷》、颜光敏的《姓氏考》、张澍的《姓氏寻源》等。

此外，在明清两代的文集笔记、类钞、杂录等著述中，也载录了不少有关姓氏的文献史料。如钱大昕的《十驾斋养心录》、顾炎武的《日知录》、赵翼的《陔余丛考》、徐珂的《清稗类钞》、章学诚的《文史通义》等，多是学者大家的治学心得，其中部分篇章从不同角度对历代姓氏进行了收集、整理、考辨，对近代姓氏学研究有很大的启迪。

5. 鸦片战争以后

1840年鸦片战争后，中国逐渐变成了半殖民地半封建社会，但封建宗法思想作为社会的统治思想，还很顽固，因而姓氏研究的状况基本上未发生大的变化。但这一时期学术文化领域出现了“经世致用”、维新改良和辩证唯物主义等思想，对姓氏的研究产生了不可忽视的影响。例如维新派人物谭嗣同在就义前，撰作四卷本《浏阳谭氏谱》，对谱学、姓氏学的意义和研究方法，进行了不同以往的阐述。谭嗣同在其《浏阳谭氏谱》序列中指出“斯谱牒之学，史之根渊，何啻支流余裔”，把姓氏谱牒与史学结合起来，认为历史“不能不赖乎谱”。

另一位维新派人物梁启超在《饮冰室合集》第18册中对姓氏的起源、发展以及历代命名的沿革进行了较为系统的解释。他认为“今世姓氏同物，古则不然，姓为母系时代产物，氏为父系成立以后产物，姓久已亡，今所谓姓，皆以氏而冒称耳。”梁启超认为“氏盖部落之称”，郑樵的32种分类“不免琐碎”。他提出周代受氏之途有四：其一，天子以命诸侯，以国为氏；其二，侯国之支庶，以王父字为氏；其三，世其官者，以官为氏；其四，有采邑者，以邑为氏。此类氏始于周代，与封建宗法相辅。

20世纪30年代左右，在我国的姓氏研究中值得一提的是潘光旦的《中国家谱略史》。此书简略地介绍自古以来我国谱学的发展状况，比较全面地记载了历代的谱学作品以及它们的编撰和修订情况，对从姓氏学角度研究问题有一定的参考价值。

此外，潘光旦先生还在《新月》杂志第20卷11期上《姓、婚姻、家庭的存废问题》一文中，对姓氏文化提出了自己的见解。他认为姓在中国至少有三千年的历史，姓分为氏，氏分为族，后来又统称为姓，此中变迁并不是凭空的，并不是少数人有权力强制命定的，实在是各时代里政治的、经济的，甚至于是自然环境与生物的种种因素推移鼓荡而成的。

自20世纪50年代以来，在极“左”思想的影响下，姓氏文化研究受到冷遇，谱牒学研究被视为禁区，在五六十年代只有极少数的论著。如50年代初，丁山在《新建设》第三卷第六期发表了《姓与氏》一文，依据恩格斯《家庭、私有制和国家起源》的理论观点，对中国的姓氏进行了论述。陈梦家的《殷墟卜辞纵述》，也对姓氏问题进行了考证。对我国古代姓氏文化论述较多的著作，是杨宽的《古史新探》，对姓氏起源以及二者的区别提出了较为科学的解释。在他看来，“姓是出于同一远祖的血缘集团的名称”；“氏是西周和春秋时贵族所特有的徽号”。

进入20世纪80年代后期，随着改革开放的深入，思想文化领域得到进一步解放，特别是随着海外侨胞和台湾同胞寻根热的兴起，姓氏谱牒文化研究勃然兴起。各种姓氏研究会应运而生，有关姓氏研究的著述相继问世。就目前所掌握的情况来看，大体可分为四种类型：

一是辞书性的著作。如袁义达、杜若甫的《中华姓氏大辞典》、窦学田的《中华古今姓氏大辞典》、汪宗虎、陈明远的《中国姓氏辞典》、石玉新、徐俊元、张占军的《华夏姓氏考》、巫声惠的《中华姓氏大典》等。

二是对某一姓氏的专门研究。已出版的有海南出版社、湖南出版社的《中华姓氏通书》，东方出版社的《中华姓氏通史》，现代出版社的《中华姓氏谱》，广西人民出版社的《华夏姓氏丛书》，新蕾出版社的《百家姓书系》，中国气象出版社的《寻根认祖》，山东出版社的《中华名门望族丛书》，陕西人民出版社的《百家姓书库》，上海文艺出版社的《吾祖·吾宗》。以上各丛书的特色是一姓一本，对各姓氏作了深入系统的研究，对进一步深化姓氏学研究有一定的推动作用。但其缺憾是各丛书多集中在一些史料文献较多的名门大姓，一套丛书少则几姓，多则二三十姓，涵盖面不广，难免有雷同之感；加之各丛书编撰者为相对固定的作者群体或地域群体，而每一群体的作者功力不等、水平不一，难免有良莠不齐的现象。

三是有关姓名学、姓氏学等各种专业著述。如张联芳主编的《中国人的姓名》、袁玉骝的《中国姓名学》、何晓明的《姓名与中国文化》、完颜绍元的《中国姓名文化》和《姓氏百问》、刘宗迪的《姓氏名号面面观》、潘英的《台湾人的祖籍与姓氏分布》、陈连庆的《中国古代少数民族姓氏研究》、魏德新的《中国回族姓氏溯源》、纳日碧力戈的《姓名说》、雁侠（赵艳霞）的《中国早期姓氏制度研究》、王泉根的《中国姓氏文化解析》，李吉的《姓氏总论》。

四是综合性、通俗性的姓氏丛书。如高剑峰编著的《中国一百大姓》、谢钧祥主编的《中原寻根》、徐寒主编的《中华百家姓秘典》、李文郑编著的《中华姓氏对联》等。

学海撷英多珍品 提要著录共赏析

我国历代姓氏学著述丰富多彩，博大精深，是中华传统文化宝库中有待开发整理研究的瑰宝，据有关专家学者统计，古今姓氏学著述多达300余部。现从历代姓氏学著述和近年来的研究成果中选取部分学术性较高、影响较大、常见常用的几种作一简要介绍。

《世本》

《世本》为我国第一部，也是世界第一部系统性的姓氏、谱牒学著作。《汉书·艺文志·六艺略》著录有《世本》十五篇，内容有帝系、传谱、氏姓等，记录了黄帝以来迄于战国时期帝王诸侯及卿大夫的世系、谥号等。可惜《世本》原书在宋代散佚，清代有八种辑本，其中以雷学琪、茆泮林两种辑本较佳。

关于《世本》的作者有两种说法：一说为战国时期史官所作，托名为左丘明所撰。西汉刘向说："《世本》，古史官明于古事者之所记也。录黄帝以来帝王诸侯及卿大夫系、谥、名号、凡十五篇也。"刘向之说，汉魏学者大多认同。近代学者也多从此说。另一说成书于汉代初年。唐代刘知几在其《史通·正史篇》中称："楚汉之际有好事者，录自古帝王公卿大夫之世系，终乎秦末，号曰《世本》。"因当时《世本》原书尚存，刘知几又为著名史学家，可能得见全书原貌。而该书中所记姓氏"终于秦末"，其成书年代当在汉初。

《世本》一书的主要内容，顾名思义，"世"就是世系，"本"

就是本源。《世本》二字的含义就是追溯世系的本源及其传承原委。它记录了自三皇五帝一直到春秋战国，迄于秦末的历代帝王诸侯、卿大夫的姓氏起源、世系传承、分支衍派、迁居本末、生前创制、死后名号，以及其他事迹，集各代、各家分散的世系于一书，使之流传后世，是姓氏谱牒学的开山之作，后世的姓氏学家、谱牒学家、历史学家及先秦史研究的众多学者，莫不以此书为必备的参考文献，也多由此书作为研究的切入点和解析渊源。因此《世本》既是我国先秦史的文献宝库，也是我国古代集王侯显贵家族世系、谱牒大成的总结性著作，是后代从事姓氏谱牒学研究所宗师、祖述的开山之作，在我国姓氏谱牒学史上具有承前启后的奠基作用和示范作用，标志中国的姓氏谱牒学研究已初现端倪。

《急就篇》

《急就篇》为西汉元帝时黄门令史游所撰。原本为三十二章，后两章《齐国》、《山阳》为后汉人所加，故新本为三十四章。汉代为我国姓氏体系基本确立的重要时期，姓氏学研究已初具规模。如《史记》一书就曾记有大量关于姓氏的资料。史游作为汉元帝时黄门令，为适应朝野姓氏文化的需求，撰写了该书。书中所列姓氏130姓，共2016字，除开头六句开场白外，以下就是以“三言诗”的形式编排的汉代百家姓：

“宋延年，郑子方。卫益寿，史步昌。周千秋，赵孺卿。爰（袁）展世，高辟兵。邓万岁，秦眇房。郝利亲，冯汉疆。戴护君，景君明。董奉德，桓贤良。任逢时，侯仲郎。田广国，荣惠常。乌承禄，令狐横……程忠信，吴仲皇。许终古，贾友仓。陈元始，韩魏唐。掖容调，柏杜阳。曹富贵，李尹桑。萧彭祖，屈宗谈……”

从上述引文，可看出该书的几大特点：

一是除少数几个双音复姓（如令狐）外，大多采用了单音姓、双音名的形式，反映了汉代民间开始流行的姓名形式；

二是在三字姓名中，第二三个字也往往是当时的姓氏，如方、常、魏、唐、杜、阳、尹、桑等，这样《急就篇》实际所收姓氏不仅130个，而是200多个姓氏；

三是《急就篇》中的姓氏大都收入了宋代编撰的《百家姓》，是我国第一部"姓名三字经"，对宋代《百家姓》有很大影响。

《元和姓纂》

该书由唐代林宝撰。林宝为唐宪宗时济南人，官居朝议郎、太常傅士。该书因成于宪宗元和七年，故名《元和姓纂》。其内容先列皇族李氏，余者依唐韵206部，分别排列，每韵之内以大姓为首，记载姓氏来历及各家谱系，对唐人姓氏尤为详尽，共计收录姓氏1232个。

书中论得姓受氏之初，多源于《世本》、《风俗通》，并引证《世本族姓记》、《三辅决录》、《百家谱》、《英贤传》、《姓源韵谱》、《姓苑》诸书，旁征博引，资料宏富。宋代郑樵所作《通志·氏族略》，多取材于该书，足见此书对后世姓氏学研究影响甚大。但林宝编写该书，历时仅200余天，其考辨、援引尚有谬误、缺漏之处。且当时矜尚门第之风盛行，取材多据各家谱牒陈述，附会攀援，均所不免，故宋洪迈《容斋随笔》称："元和姓纂，诞妄最多。"

《元和姓纂》原书在宋代已佚，今存本系清代孙星衍和洪莹从《永乐大典》中辑出，并以《古今姓氏书辩证》所引各条补其缺失，分为18卷。今人岑仲勉撰有《元和姓纂四校记》，对该书大有纠谬、补缺之功效。

《百家姓》

家喻户晓的《百家姓》，是北宋以来就在民间广为流传、并有深刻影响的启蒙读物，距今已有近千年的历史。

《百家姓》为何人所作、成书于何时，未有定论。学术界较为一致的看法是：该书在宋代以前就有底本，北宋初年由吴越地区的某位老儒生编辑加工而成。同时分析该书开篇首句“赵钱孙李”，是因为“赵”为宋朝国姓，“钱”则是吴越王钱镠的姓氏，“孙”为吴越王妃的姓氏，“李”则是取自南唐李氏的姓氏。

该书收录姓氏 440 个，编为四言韵文，但无文理可循，旧时作为启蒙读物。一千年来，《百家姓》翻印多次，版本众多，并有各种《续百家姓》、《增广百家姓》等先后问世。明、清两代学者曾对《百家姓》进行讨论考证，其中以康熙初年山东琅玡人王相所著《百家姓考略》影响较大。《考略》对《百家姓》所列姓氏先注五音、郡望，而后考其姓源的所出，并列举各姓著名人物，有一定的学术价值。

现存最早的《百家姓》版本有元代至元刊本和泰定刊本。而现代较为通行的则是清代的《增广百家姓》，其中共收录姓氏 504 个，其中单姓 444 个，复姓 60 个，大体上包括了日常通用的姓氏，有较大实用价值。

《古今姓氏书辩证》

宋代邓名世撰，其子椿裒补成。本书共 40 卷。作者对《元和姓纂》一书采录、考辨尤为详博，同时又以《熙宁姓纂》、《宋百官公卿家谱》二书互为参校，往往足以补史传之不足，对有关姓氏著作，取其长而辨其误，故名《古今姓氏辩证》。

该书从北宋政和年间即开始着手编撰，成书于南宋绍兴四年（公元 1134 年），父子相继历时 20 余年，所以比其他姓氏著作较为详细、精确。原书久已散佚，今存本系乾隆年间从《永乐大典》中辑出，仍为四十卷，保留了原书的内容、风貌，是研究姓氏文化不可缺少的重要著作。

《通志·氏族略》

南宋著名史学家郑樵撰，宋高宗绍兴三十一年（公元 1161 年）

南宋史学家郑樵

成书。《通志》为通史性的志书，共200卷，其中《氏族略》为考辨、论述姓氏的专著，共收录姓氏2255个。该书参阅《元和姓纂》，将姓氏以其起源分为32类，缀以总论，附以四声，并列举姓氏混淆实例12种，旁征博引，考释甚详。尤其是总论13篇，对姓氏作了系统的学术探讨，对中国姓氏源流、氏族分合及世系衍派均有较详尽论述，在中国姓氏学研究中有很高的学术价值，凡研讨姓氏文化者均以其为必读之书。流传甚广的《百家姓》一书中，所收504姓，其姓氏源流的分类，均可归入《氏族略》所列32类之中。该书在姓氏学中的地位和影响，于此可见一斑。

此外，郑樵还著有《氏族志》、《氏族源》及《氏族韵》等相关的姓氏学专著，是我国姓氏学研究中承前启后的著名学者。

《古今万姓统谱》

本书简称《万姓统谱》，俗称《万家姓》，明代万历年间凌迪知撰，共计140卷，收录姓氏3700多个。该书将古今姓氏分韵编排，以姓氏为目次，每姓下先注郡望和五音（阴平、阳平、上声、去声、入声），并考姓氏所出，而后依时代先后，分列各姓著名人物，从古代至万历年止，记述人物生平事迹，实则合谱牒、传记共成一书。因其收罗广博，既可为姓氏学专著，又可作为查阅历史人名的工具书，所以有较高的学术价值和实用价值。

《千家姓文》

俗称《千家姓》，是流传民间较为广泛的姓氏学通俗著作之一，清代崔冕撰。崔冕，字贡收，安徽巢县人，因鉴于民间流传之《百家姓》文义不详，搜罗不广，所以博采史书、谱传，收录单姓972个，复姓34个，共计1006姓，撰成此书。该书依照汉代史游《急就篇》及宋代王应麟《姓氏急就篇》二书体例，以姓氏诸字编排成章，以便记诵，文辞也较为典雅。此书后由冒国柱加以注释，并于姓氏下注明某代有某人，但未注明出处。

《史姓韵编》

清代鲍廷博、汪辉祖等撰，共64卷。该书将二十四史中人物列传、附传中的人物，标姓汇录，依韵分编，并叙述其生平梗概以便翻检查阅，因而是阅读二十四史人物传记的辅助性工具书。该书客观上起到了“兼详世系”的作用，其性质与明代凌迪知所编《古今万姓统谱》相似，但搜罗内容不如《万姓统谱》广博。

《姓氏寻源》

清代张澍编撰。张澍，甘肃武威人，字时霖，号介侯，嘉庆进士，著有《姓氏寻源》、《姓氏辨误》等“姓氏五书”300余卷，以《姓氏寻源》最为详博。《姓氏寻源》共45卷，收录姓氏近4000个，依韵分编。该书在吸取历代姓氏书精华的基础上，广征博引，不仅搜集了经史、文集、州郡方志、族谱、家乘中的相关资料，而且对碑铭、墓志、金石题铭、稗官野史，甚至医药经典中有关姓氏的资料也收录采辑，详细考证。每一姓氏之下，都引证相关文献，详述其姓氏起源、发展脉络，及其在历史上有影响的代表人物。对生僻姓氏给予注音，对尚有争议的姓源，诸说并列，旁参旧闻，给予考证。张澍治学严谨，言必有据，引证的经史文集达数百种之多。读者不仅能从中知晓、辨识各姓之渊源、世系，支派迁徙，而且能领略中华姓氏学的博大精深，是姓氏研究工作者不可不读的经典之一。该书由张氏自刊于道光戊戌年间（公元1838年），1991年由岳麓书社点校印行。

《中华姓氏大辞典》

该书由中国科学院遗传研究所杜若甫、袁义达编著，教育科学出版社1996年10月初版，是当今姓氏辞典中最为广博、最为权威的编著之一。该书共收录古今姓氏11969个，是根据1982年第四次全国人口普查数据，按两千分之一的比例，随机抽样调查了297个县市、57万余人的姓氏资料，以及123个县（市）史志办公室提供的最新姓氏统计资料（约5700万人），同时参阅了320余种古今姓氏书及文史资料，综合统计所得。其姓氏统计的全面性、准确性、系统性、科学性堪称中国姓氏研究史的创举。

该书从姓氏人口的地域分布，各大姓氏所占比例，不同时期姓氏出现频率等人类遗传学和人口学的全新角度切入，运用现代数理统计和分析比较的方法，对当代中国姓氏人口的分布、比例、播迁演变、发展交融等方面进行综合统计，比较分析，得出了当今120个大姓的人口比例，排列出300个姓氏次序，对姓氏人口的多学科研究有相当大的参考价值。

该书编纂体例新颖，内容丰富，各姓氏依汉语拼音音序排列，每一姓氏条目下分为：音（读音）、源（起源）、变（演变）、望（郡望）、布（分布）、人（始祖、名人）、它（其他）、综（综合）等八项内容，涵括了姓氏文化的主要项目。

因该书具有以上特色，因而深受姓氏研究人员和社会各阶层人士的欢迎和推崇，是从事姓氏研究必备的工具书之一。

《中华姓氏大典》

该书由巫声惠编著，河北人民出版社2000年6月出版，是一部传统的大型姓氏辞典。该书共收录古今姓氏7000多个，以传统的部首笔画编排（书后附录有音序检索），先单姓，后复姓。条目释文包括“主要资料”、“补充资料”、“按语”三大部分。“主要资料”是撷取、汇录了唐宋以来的主要姓氏文献资料，或者全文引用，或者节录，使读者可以领略原文、原著的精要，自己咀嚼、体味。“补充资料”则汇集了先秦典籍、历代史志、文集杂录及近现代相关文献。一册在手，概览古今，融汇百家，使用者省时、省力，十分方便，也可弥补个人藏书的不足。但因篇幅所限，“资料”较为简略，有时因技术原因，偶有失误和漏字等现象，从事专题研究时，应查对原著原文。“按语”则是编著者的辨析和综述，往往有独到的见解，有助于读者加深理解。

该书的前言和按语均有相当的学术价值，其中的《中华姓氏总论》是作者多年的研究心得，由其可见作者的治学功力。《中华历代主要姓氏集团表》精要地勾勒出中华古今姓氏渊源、派别，传承谱系及相互关系，具有知识性、可读性诸多优点。

《中国姓氏文化解析》

王泉根著，团结出版社2000年1月第一版。全书共七章约20万字。该书是一部“深具创见，可读性强”的学术专著，它以中国历史发展的不同时代为背景，以中华传统文化的特色为注脚，解析了中国姓氏的发展规律和文化现象，该书认为：原始图腾崇拜是中华古姓起源的根本原因。“姓”的本义是源于同一女姓始祖的、具有共同血缘关系的族属所共有的符号标志。中国的姓氏制度确立于秦汉之际，由“姓氏相别”到“姓氏合一”，是中华姓氏来源的基本途径。魏晋六朝的门阀造成了姓氏贵贱之别，而兼容并包的华夏文化和民族交融，则形成中华姓氏的民族特色。中华姓氏史是中华各民族共同创造，共同演进的历史，是我们透视社会，认知历史的微观窗口，是炎黄子孙认同中华文明，增强民族凝聚力、向心力的桥梁纽带。

该书的最大特色是注重学术性与通俗性的有机结合，每一个学术观点都以形象鲜活的历史事例来解析，对姓氏文化的研究和普及都有相当的促进作用，是姓氏文化研究中尚不多见的精品之作。

《中国早期姓氏制度研究》

雁侠（赵艳霞）著，天津古籍出版社1996年8月出版，全书15万字。作者认为，姓氏学作为一门独立的学科，还处于草创阶段。姓氏制度的研究在姓氏学中占有重要地位。先秦姓氏制度是中国姓氏制度的产生和早期阶段，是姓氏学研究中的重大课题。而历代姓氏学著述和研究的目的，在于“赞圣贤之后”，多为门阀服务，因而对先秦姓氏制度的研究没有实质性的突破。因此，作者用了整整4年时间，系统地综合分析了大量的古籍文献和古文字中有关资料，运用现代科学理论、方法及考古成果，深入探讨了姓、氏的本质及中国姓氏制度的起源、早期发展演变及历史作用等姓氏学研究中的诸多难点问题，在某些方面提出了自己的独特见解。其中主要是对姓、氏的本质的研究，认为姓与氏两者既有共同特点和内在联系，也有本质上的区别：“姓主要是属于血缘性的，氏则更多属于政治性的。”同时对有关五帝时期姓氏制度的传说、商周姓氏制度的演变提出了新的见解，是研究先秦姓氏制度与姓氏起源的重要著述。

《中华百家姓秘典》

徐寒主编，延边大学出版社1999年10月出版。全书共分四卷，计350万字，内容浩繁，涉及面较广，是综合性的、通俗性的姓氏读物代表作之一。该书分编为三大部分：

第一部分：“百家姓姓氏解密大寻踪”选取了当今人口最多的中华一百大姓，以“赵钱孙李、周吴郑王”的《百家姓》读本次序排列，不入一百大姓者，略而不计。每一姓氏分别从姓氏的“起源发展”，氏族的“宗堂郡望”，各姓的“家谱寻踪”、“字行辈分”、“迁徙繁衍”、“适用楹联”、“名人集粹”、“风流撷英”等方面加以介绍、评述，展示各姓氏文化的内涵及风格、特点。

第二部分：“百家姓氏族文化秘考大博览”，分别从“命名艺术探秘”、“家法族规揭秘”、“宗祠故居纵览”、“姓氏字频考证”等方面，对姓氏家族文化相关的各个领域和常识进行专题介绍。

第三部分：“百家姓姓氏增补探微举要”精选当今100个常用姓氏之外的300个姓氏，予以介绍，基本上是传世的《增广百家姓》读本所含姓氏。

底蕴深厚遗产丰　开发拓展新领域

中华姓氏是历史发展的产物，必然会顺应历史潮流与时俱进。20世纪80年代以来，随着传统文化的复兴和新学科的开拓，姓氏研究也呈现出多学科综合研究、不断开拓创新的势头。主要表现在以下几个方面：

1. 人口统计学和人类遗传学研究

在20世纪80年代，有关姓氏的人口统计工作已经开始。1984年中国文字改革委员会依据1982年的全国人口普查资料，进行分省区抽样调查，共抽查174900人，得到姓氏737个。1986年，中国科学院遗传研究所对这些普查资料进行抽样调查，随机取样的县市达297个，57万余人，并参阅了123个县（市）史志办公室所提供的最新姓氏统计资料（约5700万人），以及300多部古今文献，共搜集到中国古今汉字姓氏11，969个。这是我国历史上第一次大规模、有组织的姓氏人口学调查统计，也是当前最权威的人口姓氏统计。

嗣后，袁义达、张诚二位先生又于2002年推出了《中国姓氏：群体遗传和人口分布》（华东师范大学出版社）研究成果，本书共上、下两编，上编四章介绍姓氏的起源和群体遗传学的相关内容，下编七章叙述中国一百个大姓的历史、分布和图谱。这是中国第一部从人类遗传学角度进行姓氏研究的成功范例。

此外，由秦耀普主编的《山西人口姓氏大全》（山西经济出版社1991年6月第一版），由李玉文编著的《山西近现代人口统计与研究》（中国经济出版社1992年2月第一版）、由潘英编著的《台湾人的祖籍与姓氏分布》（台原出版社1991年版）也是有关姓氏人口统计学的相关著述。

2. 民族源流与区域姓氏研究

这一方面的研究，以何光岳先生用力最勤，成果最丰，自成体系。何先生以数十年的精力，广征博引，搜罗梳剔，不仅从经传史籍中搜集了大量的有关民族源流，姓氏谱系的宝贵资料，而且引证了岩画、岩文、陶文、帛文、甲骨文、金石文、简牍文及考古发现，对中华民族数千年的姓氏谱系、民族源流进行了系统的综合性研究，先后出版了《炎黄源流史》、《南蛮源流史》、《百越源流史》、《楚源流史》、《东夷源流史》、《夏源流史》、《商源流史》、《周源流史》、《秦赵源流史》、《汉源流史》（均为江西教育出版社出版）等数百万字的中华民族源流史丛书，对构成中华民族的数千个姓氏谱系追源溯流，分类统属，以姓氏源流、民族谱系的形式，展示了中华传统文化多元一体、连续传承的两大特色，再现了五千年华夏文明。

该丛书最大的特色，是大量地引用论证了一向被传统史学、儒家经典贬斥鄙薄的纬书稗史、野老之言，使这些尘封遗弃多年的珍稀资料展现出其历史价值和科学内涵，运用“经、纬并重”的“两条腿走路”方法，填补了许多史学研究的空白，开创了姓氏谱系和民族源流史研究的新型体系。

此外，马世之先生的《中原古国历史与文化》，以历史为经，以地域为纬，以历史文献学、考古新发现为据，系统地论述了中原地区（主要是河南）、黄河中下游，淮河上游诸流域内古代方国、部族及相关姓氏的兴衰历史、发展脉络和历史文化遗迹，是区域姓氏学研究的代表，具有较高的学术价值。

3. 姓氏寻根与旅游开发研究

这是20世纪90年代以来刚刚兴起的与姓氏研究密切相关的新兴领域。自20世纪80年代全球寻根热兴起之后，姓氏寻根成了各地发展旅游经济、开发人文历史资源的重要内容，举凡中华姓氏的发祥祖地、名人故居、宗祠陵墓，都成了炙手可热的开发项目。许多地方政府均将其视为提高本地区社会形象、振兴社会经济、促进中外文化交流的一项重要内容，投入大量的人力、物力予以开发，也收到了一些预期的效益。如河南太昊陵、陕西黄帝陵、湖南炎帝陵、临汾尧庙、洪洞大槐树等都成为海内外炎黄子孙寻根谒祖、旅游观光的胜地。至于山西灵石的王家大院、甘肃陇西的李氏龙宫、郑州荥阳的郑氏祖庭、无锡梅村的太伯祖庙等某一个姓氏的寻根祖地，更是多不胜数。各个姓氏的宗亲社团和姓氏寻根网站应运而生。姓氏寻根已成为弘扬中华传统文化、发展旅游经济、开发人文资源的一道靓丽风景。

为适应这种社会需求，姓氏类图书的出版形成一股热潮。据不完全统计，从1980到2005年，正式出版的姓氏类著述达200余种，约占历代姓氏学著述总数的60%以上，是历朝历代无法比拟的。尽管这些姓氏类图书良莠不齐，雷同重复的现象不少，但由于中国姓氏众多，人口庞大，此类图书仍然供不应求。我们期待更多的姓氏类精品图书问世，也期待着姓氏学研究向跨学科、多领域纵深发展，不断地开拓创新，为弘扬中华传统文化，促进社会主义文明建设，构建和谐社会作出新的贡献。

附录

中华一百大姓堂号表

（以当今人口数量排列）

姓氏	地望堂号（州郡号）	自立堂号（家族号）
1. 李姓	陇西 赵郡 范阳 顿丘 渤海 丹阳 安邑 平凉 姑臧 敦煌 绛郡 武陵 中册 颍川 常山 平棘 辽东 江夏 广陵 汉中 柳城 略阳 鸡田 武威 高丽 三田 代北 河南 京兆 南阳 梁国 广汉 四明 霍山 襄城 白茫 中山	绵远堂 平棘堂 衍庆堂 笃谊堂 立本堂 雍穆堂 培元堂 善庆堂 世美堂 介祉堂 追远堂 师俭堂 敦复堂 崇礼堂 如在堂 敦本堂 青莲堂 叙伦堂 四平堂 百德堂 敦睦堂 三鉴堂 西平堂 龙门堂 五经堂 思孝堂
2. 王姓	太原 琅玡 北海 东海 高平 京兆 天水 东平 新蔡 新野 山阳 中山 陈留 章武 东莱 河东 金城 广汉 长沙 堂邑 河南 河间 乌丸 冯翊 安东 营州 华阴 广陵 聊城 邺郡 广平 乐陵 河内 汲郡 济阳	双桂堂 留馀堂 承德堂 五果堂 宝善堂 积德堂 存厚堂 敦睦堂 馀庆堂 三槐堂 宗德堂 燕翼堂 太原堂 天全堂 源远堂 槐政堂 绍兴堂 思明堂 怀德堂 五孝堂 绍槐堂 梓谊堂 听槐堂 槐荫堂 忠懿堂

（续表）

姓氏	地望堂号（州郡号）	自立堂号（家族号）
3. 张姓	清河　范阳　太原 京兆　南阳　敦煌 安定　襄阳　洛阳 河东　始兴　冯翊 吴郡　平原　河间 中山　魏郡　蜀郡 武威　犍为　沛郡 梁郡　汲郡　河内 高平　上谷　马邑	嘉言堂　崇本堂　余庆堂 世美堂　开业堂　敬思堂 禄宜堂　贻谷堂　资敬堂 敦善堂　贻德堂　承德堂 百忍堂　寿康堂　著易堂 萃雅堂　留余堂　树德堂 追远堂　承恩堂　永思堂 笃亲堂　敦睦堂　金鉴堂 都会堂　二铭堂　三省堂 孝友堂　叙彝堂　忠恕堂 鉴湖堂　源流堂　志合堂 冠英堂　清河堂　亲睦堂 燕贻堂　宗岳堂　敬祖堂
4. 刘姓	彭城　沛郡　弘农 河间　中山　梁郡 顿丘　南阳　东平 高密　竟陵　河南 尉氏　广平　丹阳 广陵　长沙　临淮	青云堂　敦睦堂　藜照堂 再思堂　树德堂　守三堂 传经堂　五忠堂　怀贤堂 施义堂　叙伦堂　谱寿堂 恒德堂　藜阁堂　彭城堂 崇让堂　光藜堂　敦伦堂 天录堂　亲亲堂　授经堂 敦本堂　怡怡堂　庆元堂 道胜堂　墨庄堂　德馨堂 青藜堂

（续表）

姓氏	地望堂号（州郡号）	自立堂号（家族号）
5. 陈姓	颍川　东海　庐江 汝南　河南　冯翊 下邳　武当　京兆 广陵　新安	建业堂　德星堂　映山堂 忠节堂　延庆堂　馀庆堂 报本堂　星聚堂　三义堂 树本堂　燕贻堂　渑武堂 笃庆堂　光裕堂　崇义堂 崇本堂　世德堂　仁耻堂 毓庆堂　德聚堂　世德堂 敦厚堂　奉先堂　聚原堂 传义堂　三和堂　培德堂 三相堂　义门堂　道荣堂 聚星堂　淳庸堂　双桂堂 徽五堂　绍德堂　怀忠堂
6. 杨姓	弘农　天水　河内 代州	光裕堂　赐书堂　崇本堂 清白堂　务本堂　四知堂 三鳝堂　瑞本堂　绍先堂 敦睦堂　遗道堂　信海堂 克勤堂　叙伦堂　衔鳝堂 关西堂　河东堂　栖霞堂 鸿山堂　鸿仪堂　安阳堂 新扬堂　道南堂　忠武堂
7. 赵姓	天水　涿郡　南阳 下邳　颍川　金城	孝思堂　绵远堂　谷诒堂 沐思堂　萃涣堂　爱日堂 永厚堂　琴鹤堂　敬彝堂 创基堂　半部堂

（续表）

姓氏	地望堂号（州郡号）	自立堂号（家族号）
8. 黄姓	江夏　会稽　零陵 巴东　洛阳　晋安 濮阳　东阳　南安 上谷　房陵　栎阳	诚明堂　古本堂　四元堂 一诚堂　惇伦堂　月会堂 望烟堂　聚斯堂　五桂堂 永思堂　彝伦堂　叙伦堂 德永堂　志坚堂　云积堂 崇德堂　双非堂　追远堂 忠孝堂　种德堂　两义堂 保粹堂　思敬堂　逸敦堂 敦睦堂　炽昌堂　紫云堂
9. 周姓	汝南　沛郡　陈留 浔阳　临川　庐江 泰山　淮南　永安 河间　临汝　华阴 河东　清河　江陵 长安　河南	世德堂　爱莲堂　亦政堂 诵芬堂　清白堂　继述堂 绍濂堂　世善堂　大本堂 承志堂　景濂堂　雍睦堂 惇叙堂　忠存堂　敬爱堂 集贤堂　永思堂　承思堂 濂溪堂　敦稼堂　孝思堂 叙伦堂　笃佑堂
10. 吴姓	延陵　濮阳　渤海 陈留　吴兴　汝南 长沙　武昌	源远堂　至德堂　思敬堂 怡德堂　有秩堂　三让堂 崇礼堂　让德堂　思让堂 均安堂　履成堂　敦厚堂 德让堂　源德堂　树德堂 世德堂　观乐堂　双合堂 思源堂　崇本堂　瑞本堂 听彝堂　种德堂　治平堂

（续表）

姓氏	地望堂号（州郡号）	自立堂号（家族号）
11. 徐姓	东海 高平 东莞 琅玡 濮阳	敦睦堂 世德堂 存桂堂 垂裕堂 追远堂 崇雅堂 礼耕堂 惇五堂 怀德堂 雍肃堂 南陵堂 崇本堂 修吉堂 八龙堂 文敬堂 鹤衍堂 永思堂 鸿绩堂 叙伦堂
12. 孙姓	汲郡 陈留 太原 乐安 富春 吴郡	惇叙堂 积善堂 鹤衍堂 嘉会堂 乐安堂 映雪堂 燕翼堂 万石堂 垂裕堂 安庆堂 富春堂 永思堂
13. 胡姓	安定 新蔡 淮阳 吉州	乐善堂 思贻堂 安定堂 敦本堂 敦睦堂 清润堂 春秋堂 念祖堂 继序堂 思诚堂 联桂堂 寿安堂 惇庸堂 崇德堂 勋贤堂 仁德堂 惇叙堂 华桂堂 崇阳堂 华林堂 春秋堂 启俊堂 亲睦堂 世德堂 敬享堂 怡爱堂
14. 朱姓	吴郡 沛郡 河南 凤阳 丹阳 太康 钱塘	注经堂 敬义堂 彝伦堂 叙伦堂 在兹堂 紫阳堂 德彝堂 白鹿堂 宗德堂 一本堂 同本堂 思成堂 治善堂 玉泉堂

（续表）

姓氏	地望堂号（州郡号）	自立堂号（家族号）
15. 高姓	勃海　渔阳　辽东　广陵　河南	敦睦堂　绿野堂　报本堂　有继堂　供侯堂
16. 林姓	南安　西河　济南　下邳　晋安	九牧堂　绍闽堂　问礼堂　九龙堂　忠孝堂　双阙堂　青龙堂　永泽堂　崇本堂　善庆堂
17. 何姓	庐江　东海　陈郡　扶风	求言堂　扶远堂　惕策堂　福庆堂　庆远堂　仁义堂　永庆堂　崇本堂　缵续堂　敦睦堂　四友堂　咏梅堂
18. 郭姓	太原　华阴　冯翊　西平　河内　广平　敦煌　中山　昌乐　颍川	汾阳堂　诒政堂　续古堂　七凤堂　世德堂　敬爱堂　由义堂
19. 马姓	扶风　东平　茌平	唏肱堂　志诚堂　宝善堂　善述堂　铜柱堂　绛纱堂　刻鹄堂　诚忍堂　静业堂　敦伦堂
20. 罗姓	豫章　长沙　襄阳　太原	嘉德堂　贻谷堂　柏林堂　明德堂　锦厚堂　崇文堂　永祭堂　归厚堂　光裕堂　青云堂　怀远堂

（续表）

姓氏	地望堂号（州郡号）	自立堂号（家族号）
21. 梁姓	安定　扶风　天水　河南	集贤堂　梅镜堂　仪国堂　保善堂
22. 宋姓	京兆　西河　广平　敦煌　河南　弘农　扶风　乐陵　江夏	赋梅堂　善继堂　秉德堂　阳春堂
23. 郑姓	荥阳　洛阳　高密　雍州　陇西　南阳　会稽	孝义堂　孔安堂　书带草堂　复训堂　立本堂　锡类堂　翼经草堂
24. 谢姓	陈留　陈郡　下邳　会稽　冯翊	哲经堂　宝权堂　存著堂　敬业堂　阁老堂　起凤堂　东山堂　宝树堂
25. 韩姓	颍川　南阳	福荫堂　恭寿堂　继锦堂　画锦堂　永思堂
26. 唐姓	晋昌　北海　鲁国　晋阳	晋昌堂　思本堂　忠恕堂　敦睦堂
27. 冯姓	始平　杜陵　颍川　上莞　长乐　京兆　弘农　河间	大树堂　四德堂　树德堂　瑞锦堂　天宝堂　三元堂　继立堂　四山堂
28. 于姓	河南　东海　河内	祀先堂　驷马堂　敦伦堂　忠肃堂
29. 董姓	陇西　济阳	苍梧草堂　正谊堂　三余堂
30. 萧姓	兰陵　广陵　河南	羡美堂　芳远堂　八叶堂
31. 程姓	广平　河南　安定	尚义堂　存子堂　敦睦堂　伊洛堂　文贤堂　二贤堂

（续表）

姓氏	地望堂号（州郡号）	自立堂号（家族号）
32. 曹姓	谯郡　彭城　高平　巨野	敬思堂　崇孝堂　宁寿堂　四正堂
33. 袁姓	陈留　汝南　河南　东平　彭城　华阴　濮阳　京兆　太原　襄阳　宜春	怀楚堂　维则堂　介禳堂　介江堂　介祉堂
34. 邓姓	南阳　安定　高密　平阳　长沙　陈留　洛阳　宜春　南雄	十贤堂　讲学堂　集文堂　两秀堂　三登堂
35. 许姓	汝南　高阳　河南　太原　会稽　平舆	叙伦堂　敦本堂　麟振堂　惜阴堂　希范堂　怀义堂　绍鲁堂　承文堂　聚族堂　长兴堂
36. 傅姓	北地　清河	行恕堂　敦睦堂　百岁堂　敦本堂　永锡堂　畏德堂　惟训堂　双凤堂
37. 沈姓	吴兴　汝南	三易堂　九思堂　肃雍堂　承裕堂　忠清堂　树本堂　文肃堂　永思堂　聚顺堂　叙伦堂　敦伦堂　憩石堂
38. 曾姓	鲁郡　天水　鲁阳　庐陵　武城	敦本堂　宗圣堂　守约堂　追远堂　三省堂
39. 彭姓	陇西　淮阳　宜春	述古堂　尚贤堂　敦本堂　光裕堂

（续表）

姓氏	地望堂号（州郡号）	自立堂号（家族号）
40. 吕姓	河东　东平　淮南　金华　晋江　东莱	明烟堂　敬和堂　三相堂　著存堂
41. 苏姓	武功　扶风　兰田　河内　河南　洛阳	忠孝堂　白玉堂　芦山堂
42. 卢姓	范阳　河南　河间	敦本堂　敬承堂
43. 蒋姓	乐安	居易堂　亦政堂　慎枢堂　追远堂　敦睦堂　三径堂　忠雅堂　雍集堂　悼叙堂　观德堂　沛丰堂　一梅堂　以文堂　九侯堂　钟山堂
44. 蔡姓	济阳	福谦堂　九贤堂　惟寅堂　承启堂　亲贤堂
45. 贾姓	武威	维则堂　孝友堂　治安堂
46. 丁姓	济阳	双桂堂　留馀堂　承德堂　五果堂
47. 魏姓	巨鹿　任城	敬爱堂　治礼堂　九合堂
48. 薛姓	河东　新蔡　沛郡　高平	崇礼堂　慎德堂　三凤堂
49. 叶姓	南阳　下邳	敦睦堂　点易堂　续古堂　继美堂　百忍堂　天叙堂　承恩堂　惇裕堂　天秩堂　青枝堂　济美堂　崇本堂　双留堂
50. 阎姓	天水　河南　太原	丹青堂　右相堂
51. 余姓	新安　下邳　吴兴　高阳　武溪	敬义堂　敦睦堂　亲睦堂　四谏堂　风采堂

（续表）

姓氏	地望堂号（州郡号）	自立堂号（家族号）
52. 潘姓	广宗　河南　荥阳　豫阳	承志堂　如在堂　花县堂　笃庆堂　优肃堂　永言堂　司谏堂
53. 杜姓	京兆　襄阳　濮阳　汉阳　南阳	永言堂　振德堂　少陵堂
54. 戴姓	清河　谯郡　广陵　济阳	清华堂　赐礼堂　荣席堂　紫薇堂　惇礼堂
55. 夏姓	会稽　谯郡　高阳　鲁郡	务本堂　源远堂　尚忠堂　思孝堂　明德堂　聚奎堂
56. 钟姓	竟陵　颍川	敬爱堂　大宗堂　知音堂
57. 汪姓	平阳　新安	敦伦堂　余庆堂　培元堂　敦本堂　务本堂　景微堂　六桂堂　六州堂
58. 田姓	北平　雁门　京兆　平凉　太原　河南　天水	凤翔堂　紫荆堂　骄贫堂　荆茂堂
59. 任姓	乐安　东安	玉知堂　叙伦堂　贻谷堂　水韭堂
60. 姜姓	天水　广汉	敬胜堂　云磬堂　森阳堂　龙泰堂
61. 范姓	南阳　高平	后乐堂　芝本堂　鸡黍堂

（续表）

姓氏	地望堂号（州郡号）	自立堂号（家族号）
62. 方姓	河南	敦本堂 观礼堂 伦叙堂 垂裕堂 思孝堂 六桂堂 壮猷堂
63. 石姓	武威 勃海 平原 上党 河南	思成堂 敦睦堂 三典堂
64. 姚姓	吴兴 南安 上郡	世德堂 藻镜堂 谐孝堂 耕山堂 承德堂 重华堂
65. 谭姓	济阳 齐郡 弘农	六升堂 双桂堂 壹本堂 源本堂 敦伦堂 敦本堂 思亲堂
66. 廖姓	济南 巨鹿 武威	世采堂 垂裕堂 清武堂 崇远堂 承佑堂
67. 邹姓	范阳	敦睦堂 显忠堂 中和堂 敦本堂 元恺堂
68. 熊姓	江陵 南昌	孝友堂 典裕堂 思孝堂 敦必堂 思诚堂 绍远堂 重庆堂
69. 金姓	彭城 京兆	怀德堂 世耕堂 忠孝堂 敬爱堂 聚源堂
70. 陆姓	吴郡 河南 颍川 平原 河内	怀忠堂 三德堂 源本堂 绳武堂 咸秩堂

（续表）

姓氏	地望堂号（州郡号）	自立堂号（家族号）
71. 郝姓	太原	山阳堂　晒书堂
72. 孔姓	鲁郡　京兆　河南　会稽	诗礼堂　积善堂　阙里堂　至圣堂
73. 白姓	太原　南阳	香山堂　治生堂　五瑞堂　峻德堂
74. 崔姓	清河　博陵　荥阳	叙伦堂　默荫堂
75. 康姓	京兆　东平　会稽	龙丘堂　东阳堂
76. 毛姓	西河　荥阳　河阳　北地	永思堂　睦族堂
77. 邱姓	河南　吴兴　扶风	思敬堂　敦睦堂
78. 秦姓	天水　太原	咏烈堂　敦伦堂
79. 江姓	济阳　淮阳	馀庆堂　六桂堂　彩笔堂
80. 史姓	建康　宣城　高密	京兆河　南怀溧堂　承泽堂　德馨堂　报本堂
81. 顾姓	会稽　武陵	惇叙堂　怀远堂　裕昆堂　永思堂　格思堂　凝薇堂
82. 侯姓	上谷　丹徒　河南	却币堂　救赵堂　善行堂
83. 邵姓	博陵　汝南　安阳	嘉会堂　天远堂　安乐堂
84. 孟姓	洛阳　平陆　东海　巨鹿　武康　安平　江夏	浩然堂　平昌堂　仁义堂　仁寿堂
85. 龙姓	武陵　天水　武阳　太原　武昌	纳言堂　敦本堂　敦厚堂

（续表）

姓氏	地望堂号（州郡号）	自立堂号（家族号）
86. 万姓	扶风　河南	滋树堂　永思堂　敦睦堂
87. 段姓	京兆　武陵　扶风	馀庆堂　多寿堂
88. 雷姓	冯翊　豫章	三翊堂　丰城堂
89. 钱姓	下邳　彭城　吴兴	锦树堂　惇彝堂　燕诒堂
90. 汤姓	中山　范阳	叙睦堂　光裕堂　双桂堂　丹桂堂
91. 尹姓	天水　河间	肆好堂　一经堂　明经堂
92. 黎姓	京兆　九真　宋城	敦本堂　礼序堂
93. 易姓	济南　太原	忠裔堂　聚英堂　富厚堂　贻庆堂　纯孝堂　忠思堂
94. 常姓	太原　平原　河内　武城	知人堂　敦亲堂
95. 武姓	太原　沛郡	鬻薪堂　聚顺堂
96. 乔姓	梁国　冯翊	金陵堂　善益堂　文惠堂
97. 贺姓	会稽　河南　广平	百岁堂　赐曲堂　镜湖堂
98. 赖姓	颍川　南康　河南　河内　四川　松阳	秘书堂　敦本堂
99. 龚姓	武陵	六桂堂　宝经堂　贻德堂
100. 文姓	雁门	久大堂　崇本堂　六义堂　三山堂

注：本堂号表主要依据山西省社会科学院家谱研究中心所藏数千种族谱资料检索编制而成，并参阅了台湾地区姓氏堂号表等相关资料。